Rudolf Gigler

Der vergnügte Beistrich

Gewidmet meinen drei Söhnen
Florian, Claus und Bernhard.
Danke für so manche Idee ...

5. Auflage 2000
Homepage: www.unda.at
by Unda Verlag

Lektorat: Mag. Ulrike Jalali-Romanovsky

ISBN 3-901 340-01-7

Druck: EUROADRIA d.o.o., Ljubljana, Slovenia

Rudolf Gigler

Der vergnügte Beistrich

EIN LESEBUCH
FÜR KLEINE UND GROSSE MENSCHEN

Illustrationen:
Simone Bachmayer

INHALTSVERZEICHNIS

Der vergnügte Beistrich

Kaum hatte der Schulwart das Klassenzimmer verlassen und abgesperrt, fingen die Buchstaben und Satzzeichen an miteinander zu plaudern.
„Ich“, so sprach das eingebildete E, „bin der meistgesprochene und -geschriebene Buchstabe des Alphabets!“
„Da bin ich mir nicht so sicher“, erwiderte das elegante A. „Meines Wissens komme auch ich sehr oft in der deutschen Sprache vor.“
„Deutsche Sprache, wie lächerlich!“ Mit diesen Worten mischte sich das vornehme Ypsilon in das Gespräch. „Wo, so frage ich euch, wird schon deutsch gesprochen – außer in Deutschland, Österreich, einem kleinen Teil der Schweiz und in Südtirol? Da bin ich schon lieber das Ypsilon. Ich bin ein wichtiger Buchstabe der englischen Sprache. Und die wird in Amerika genauso gesprochen wie in England, Schottland und Australien. Wenn ich überlege, wie viele bekannte und berühmte Schauspieler und Rocksänger mich allein mit dem Wort ***Yeah*** im Mund gehabt haben,

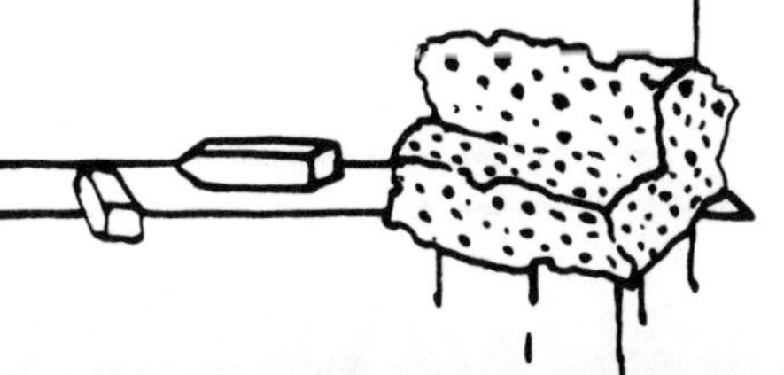

verzichte ich gerne darauf, oft in der deutschen Sprache vorzukommen. Außerdem, liebes Fräulein E, Nordchinesisch ist die meistgesprochene Sprache der Welt. An die 800 Millionen Menschen sprechen diese Sprache, die auf Chinesisch Kuo-yü genannt wird, was so viel wie Mandarin-Sprache heißt. Und vielleicht, liebes Fräulein E, ist Ihnen dabei aufgefallen, dass im Wort Kuo-yü kein E vorkommt. Wohl aber ein O, ein Ü, ein U, ein K und: ein Ypsilon!"

Das hörten das rundliche O und das magere U gern. Diese beiden Buchstaben wurden, obwohl sie zur vornehmen Sorte der Selbstlaute gehörten, immer ein wenig benachteiligt. Auch das kantige K war mit den Worten des gelehrten Ypsilon höchst zufrieden.

„Ich bleibe aber trotzdem dabei, der meistverwendete Buchstabe zu sein", murmelte das beleidigte E, zog sich zurück und begann in einem Lexikon nach der Bestätigung seiner Behauptung zu suchen.

„Seid nicht überheblich!", rief der Punkt den streitenden Buchstaben zu. „Jeder von euch

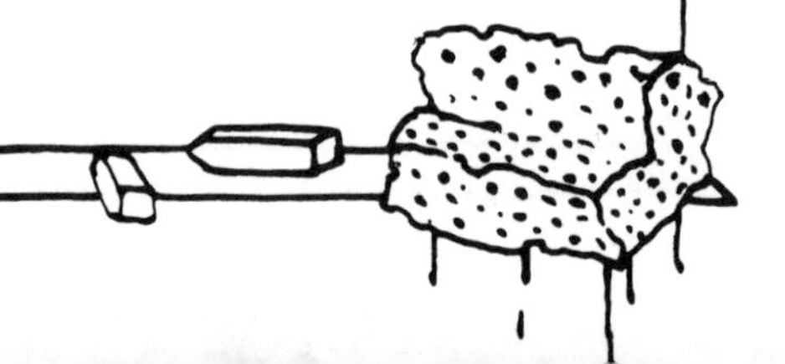

ist wichtig! Egal ob Selbst- oder Mitlaut. Was nützt der eine, wenn man zur Bildung eines Wortes den anderen braucht.“
„Bravo, gut gesagt, das ist ganz meine Meinung“, pflichtete das H bei. Da man es meist stumm aussprach, wurde es oft überhört. Im Alphabet hatte es das H daher am schwersten.
Wie so oft hatte der Punkt Recht. Deshalb akzeptierten auch die Buchstaben und übrigen Satzzeichen seine Vormachtstellung. Mit dem Punkt hörte jeder Satz, jedes Buch und fast jedes Gedicht auf. Manchmal durfte ein Frage- oder ein Rufzeichen für den Punkt einspringen, nie jedoch ein Buchstabe.
„Ihr seid alle so wichtig, nur mich, mich mag keiner!“ Es war der kleine Beistrich, der sich meldete. „Mit mir sind alle unzufrieden. Die Schüler, weil sie mich nicht richtig setzen können, und die Lehrer, weil sie mich entweder überhaupt nicht oder an der falschen Stelle finden. Es ist zum Verzweifeln! Oft frage ich, warum gibt es mich überhaupt? Das Schlimmste aber ist, dass man mich in der Schweiz und in Deutschland nicht einmal

unter meinem richtigen Namen kennt. Dort werde ich Komma genannt!“

„Ach, du bist genauso wichtig wie alle anderen Satzzeichen auch!“, rief das Rufzeichen aus der hinteren Ecke hervor. „Vor langer Zeit hat sogar ein Beistrich einem Mann das Leben gerettet!“

Was? Ein winzig kleiner Beistrich sollte einem großen Mann das Leben gerettet haben? Das konnten sich weder die Buchstaben noch die Satzzeichen vorstellen. Deshalb forderten sie das Rufzeichen auf, darüber zu berichten.

„Die Sache liegt nun schon einige Jahre zurück und geschah in Amerika“, erzählte das Rufzeichen. „Dort wurde ein Mann zum Tode verurteilt. Obwohl er immer wieder beschwor, das Verbrechen nicht begangen zu haben, blieb das Urteil aufrecht. In letzter Not schrieb der Mann an den Präsidenten seines Landes und ersuchte ihn, sich seines Falles anzunehmen.

Der Richter, der das Urteil verhängt hatte, war jedoch von der Schuld des Mannes überzeugt und wollte, dass das Urteil vollstreckt werde. Er gab daher den schriftlichen Auftrag ein

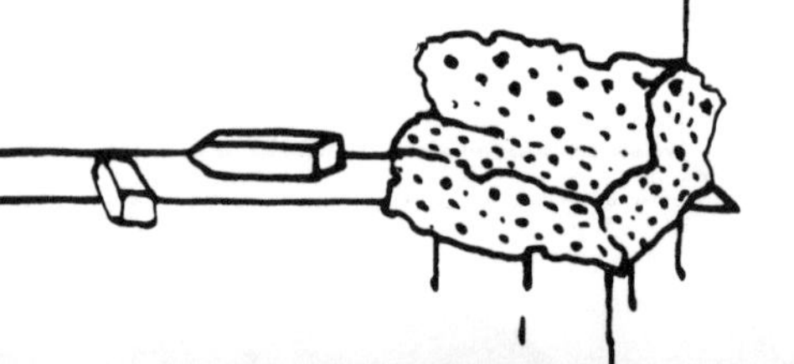

Telegramm mit dem Wortlaut: **Wartet nicht, hängen!** an den Gefängnisdirektor zu senden. Der Beamte, der den Auftrag zu bearbeiten hatte, war jedoch unachtsam und setzte den Beistrich zwischen den Wörtern **wartet** und **nicht.** Somit stand nun auf dem Fernschreiben:

Wartet, nicht hängen!

Durch diesen Irrtum verzögerte sich die Hinrichtung um einige Tage. Inzwischen wurde der richtige Täter gefasst und die Unschuld des falsch Verurteilten bewiesen. Der Mann wurde freigelassen.
„Das ist ja eine tolle Geschichte“, rief der Punkt überrascht. „Wer hätte gedacht, dass sich in unseren Reihen so ein Held befindet!“
„Davon wusste ich auch nichts“, erwiderte stolz der kleine Beistrich und strahlte dabei wie ein Großer. Die anderen Satzzeichen und Buchstaben diskutierten noch lange über das soeben Gehörte und waren sehr bestürzt darüber, wie knapp der falsch verdächtigte Mann der Verurteilung entgangen war.

Selbst das eingebildete E musste zugeben, dass in diesem Fall der Beistrich wichtiger war.
So verging die Zeit und bald wurden alle müde. Der Punkt machte der Plauderei ein Ende. Nach und nach schliefen die Buchstaben und die Satzzeichen ein. Nur der kleine Beistrich konnte vor Aufregung lange nicht einschlafen und so war er auch der Einzige, der das Rufzeichen schnarchen hörte. Aber der kleine Beistrich war heute so zufrieden und glücklich, dass ihn das überhaupt nicht störte.

TELEGRAMM
Wartet, nicht hängen!

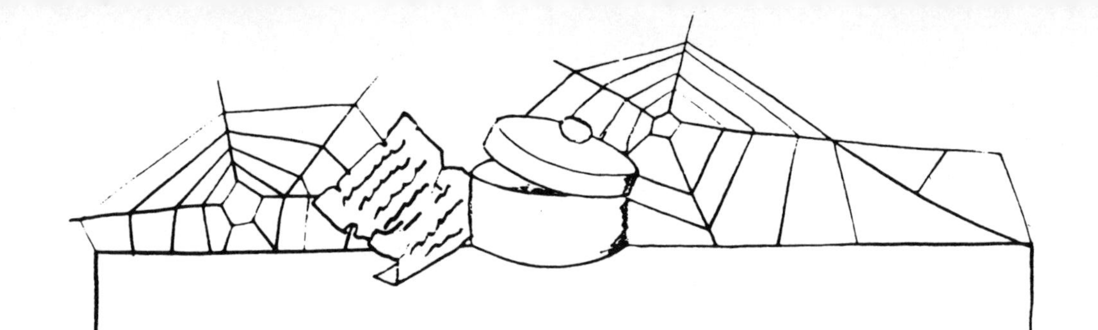

Die geheimnisvolle Dose

(Nach einer Idee von Florian Gigler)

„Mama, uns ist sooo langweilig!“ Bernhard, Eva und Claus standen in der Küche und sahen ihrer Mutter beim Geschirrabwaschen zu.
„Ihr könntet mir helfen. Ich habe noch so viel zu tun. Die Blumen muss ich noch gießen, das Unkraut gehört gejätet, der Rasen gemäht, aber vor allem sollte der Gemüsegarten umgestochen werden“, erwiderte die Mutter. „Ja, der Gemüsegarten, das wäre wohl das Wichtigste. Wenn ihr das macht, ist euch sicher nicht mehr langweilig!“
Den Kindern gefiel der Vorschlag natürlich nicht so gut und deshalb fragten sie: „Mama, heute sollen wir das machen?“
„Ja, heute ist dafür ein guter Tag.“ Die Kinder aber wussten für diese Arbeit einen viel besseren, nämlich den morgigen Tag. Und daher sagten sie: „Mama, morgen ist ein noch viel, viel besserer Tag. Du wirst sehen, gleich in der Früh stehen wir auf, fangen sofort mit der Arbeit an und schwuppdiwupp, um neun,

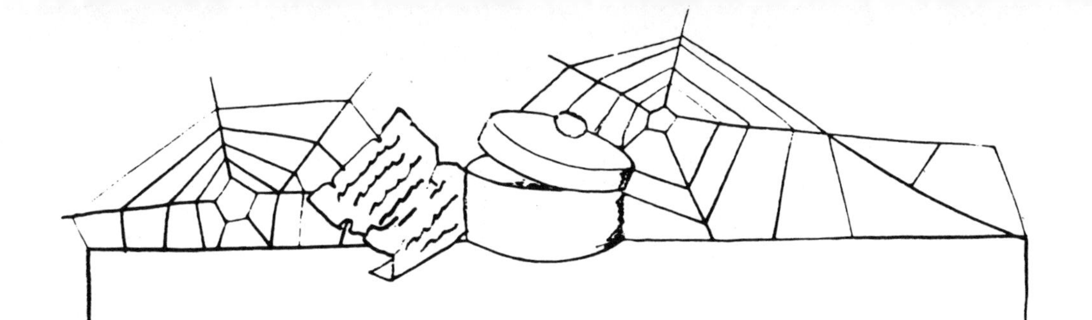

spätestens halb zehn Uhr sind wir mit allem fertig; großes Indianerehrenwort! Aber heute ist das leider nicht möglich. Wir haben nämlich in der Früh einen Verein gegründet."
„Wohl den Klub der Faulpelze, was?"
„Nein, Mama, einen richtigen Verein. Den Verein zur Erforschung und Auffindung von alten Sachen. Bernhard ist der Obmann, Eva ist die Schriftführerin und ich, ich bin der neue Präsident!"
„Oh, sehr interessant", sagte die Mutter überrascht. „Darf man auch wissen, wo euer Verein forschen und suchen wird?"
„Na ja", antwortete Claus ein wenig unsicher. „So genau wissen wir das noch nicht. Das ist im Moment unser größtes Problem. Hättest du vielleicht eine Idee, wo unser Verein fündig werden könnte?"
„Ich wüsste schon etwas", meinte die Mama nach einigem Nachdenken. „Oben auf dem Dachboden stehen einige alte Kisten und Truhen. Möglicherweise gibt es dort etwas zu finden."
Das war ein toller Vorschlag. Die drei Forscher wollten sofort auf den Dachboden

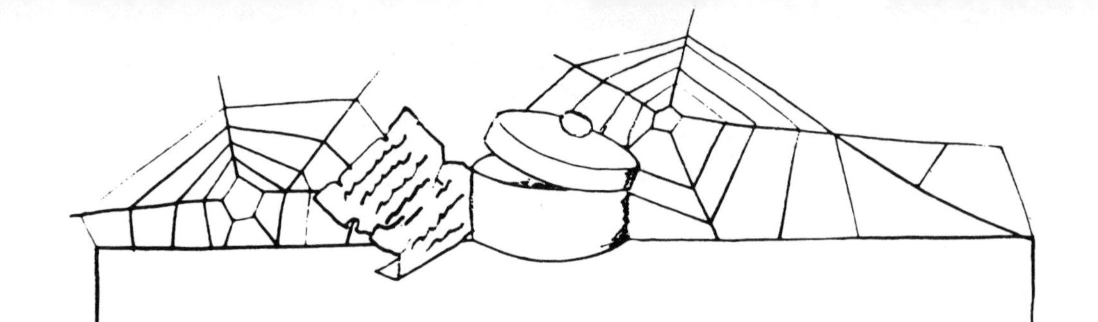

stürmen. Die Mutter hielt sie jedoch zurück und sagte: „Wartet noch. Vorher muss ich hinauf, um den ärgsten Staub von den Kisten abzuwischen. Außerdem war gestern der Schornsteinfeger oben, wahrscheinlich ist alles voll Ruß. Wenn ich den ärgsten Schmutz beseitigt habe, könnt ihr euch auf die Suche machen. Ich spüle nur noch schnell das restliche Geschirr ab."

„Aber Mama!", riefen die drei Vereinsmitglieder, „kommt doch nicht in Frage. Das wenige Geschirr waschen wir ab. Du scheinst vergessen zu haben, Geschirrspülen gehört zu unseren Lieblingsbeschäftigungen! Geh du nur schnell hinauf, hier unten, das erledigen wir im Handumdrehen!"

Die Mutter ging, und kurz bevor die Kinder mit dem Geschirrabwaschen fertig waren, kam sie zurück und sagte: „Der ärgste Schmutz wäre beseitigt, ihr könnt mit dem Suchen beginnen. Macht mir aber bitte nicht zu viel Unordnung."

Die drei Forscher holten schnell ihre Taschenlampen und liefen über die Treppe auf den Dachboden. Hier standen Schachteln, Kisten, alte Koffer und Truhen. Die Kinder begannen

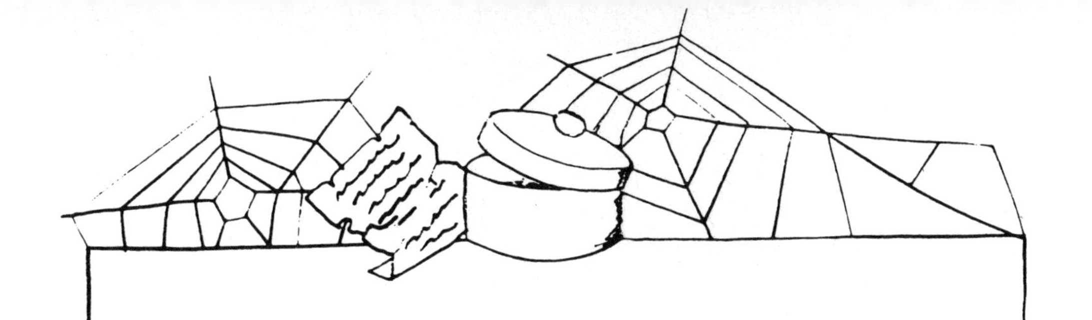

herumzustöbern. In einer alten Holztruhe, die etwas weiter hinten im Raum stand, entdeckten sie alte Kleider und Hüte. Um besser sehen zu können zogen die Kinder die Kiste zum Fenster. Bernhard holte aus der Truhe einen Tropenhut hervor, der einmal Opas größter Stolz gewesen war, und setzte ihn auf. Claus zog einen alten Mantel an und Eva hängte sich einen Rucksack um.

„Nun sehen wir wie richtige Schatzsucher aus", sagte Eva lachend. Aber auch als Schatzsucher verkleidet war die Ausbeute mager. In den verschiedenen Kisten und Schachteln fanden sie längst vergessene Spielsachen, Krimskrams und alte Zeitungen. Von verborgenen Schätzen war aber weit und breit nichts zu sehen. Etwas enttäuscht setzten sich die erfolglosen Schatzsucher auf den Deckel der großen Holztruhe, in der sie ihre Verkleidungen gefunden hatten.

„Unser Haus ist wahrscheinlich nicht alt genug, um hier richtige Schätze zu finden", sagte Eva enttäuscht. „Bringen wir die Kiste wieder an ihren Platz zurück." Gemeinsam versuchten die drei die schwere Holzkiste an

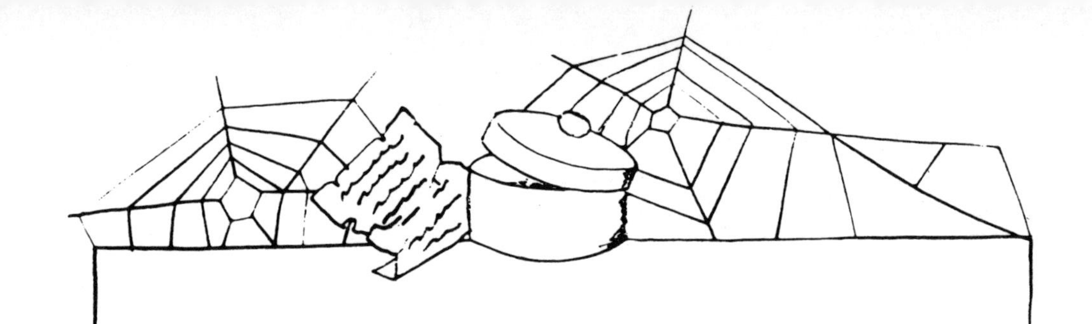

die Wand zurückzuschieben. Zuerst ging das auch recht gut, dann aber stießen sie auf einen Widerstand. Die Truhe ließ sich nicht mehr weiterbewegen.
„Es spießt sich irgendwo“, meinte Claus, lehnte sich weit über die Holzkiste und griff hinunter.
„Ich spüre etwas – da liegt ein Gegenstand! Schnell, gebt mir eine Taschenlampe!“
Bernhard reichte Claus das Gewünschte und dieser leuchtete damit hinter die Kiste. Jetzt konnte er das geheimnisvolle Ding besser erkennen. Es sah nach einer alten Dose aus.
„Hol sie herauf, vielleicht ist etwas Tolles drin!“ Bernhard und Eva waren sehr nervös. Sollte ihre Suche vielleicht doch noch erfolgreich sein?
Schnell wurde die Kiste weggezogen und Bernhard richtete den Strahl der Taschenlampe auf den Fund. Eine alte, schon etwas verrostete und fürchterlich staubige Zuckerdose kam zum Vorschein.
„Wieder nichts“, meinte Eva enttäuscht und blies den Staub von der Dose. Da bemerkte sie, dass diese mit Wachs versiegelt war.

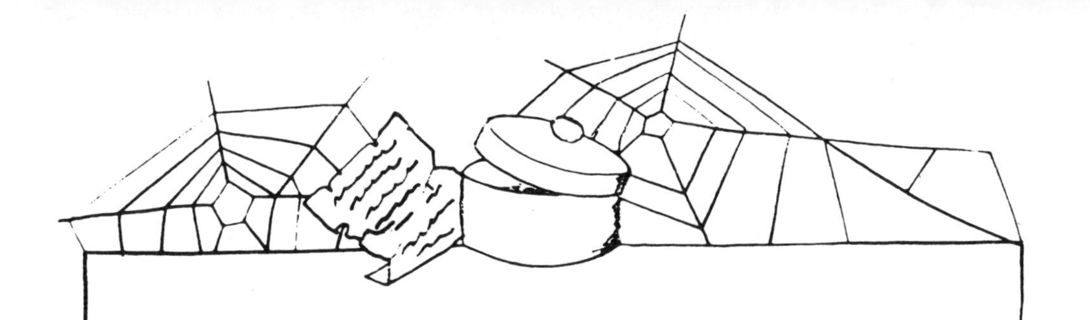

Claus wollte den Fund sofort öffnen, doch Bernhard hielt ihn zurück.
„Moment, warte noch! Zuerst muss doch geklärt werden, was mit dem Inhalt geschieht. Vielleicht handelt es sich wirklich um einen Schatz. Möglicherweise sind es Perlen, Dukaten, Goldstücke und wir sind unermesslich reich! Was dann?" Bernhards Augen leuchteten. Er sah sich schon in einem großen Sportwagen zur Schule fahren.
„Was ist aber", meinte Eva ein wenig ängstlich, „wenn ein Geist in der Dose haust oder ein schrecklicher Fluch auf ihr liegt? Ich habe erst kürzlich in einem Buch von einer Schatzsucherfamilie gelesen, die spurlos verschwunden ist; niemand weiß, wohin!"
„Papperlapapp!", erwiderte Claus. „Liebe Schwester, du liest zu viele Schauermärchen!" Aber so richtig wohl war auch ihm nicht in seiner Haut und deshalb sagte er schnell: „Ich schlage vor, dass der Inhalt der Dose unter uns gerecht aufgeteilt wird. Das gilt sowohl für angenehme als auch für unangenehme Überraschungen." Alle drei Vereinsmitglieder waren damit einverstanden

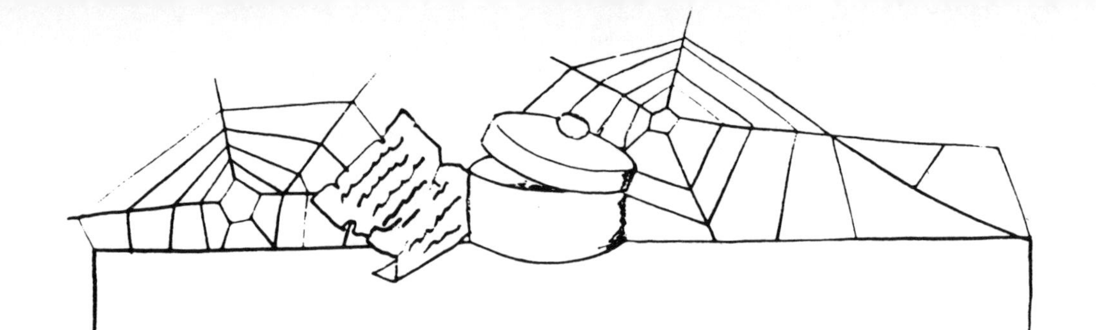

und so sprach nichts mehr dagegen, die Dose zu öffnen.
Behutsam löste Claus die Wachsversiegelung ab und schraubte den Deckel auf. Die Spannung erreichte ihren Höhepunkt. Die Herzen der Kinder schlugen um einiges schneller und Claus fühlte, wie seine Handflächen vor Aufregung feucht wurden. Seine Finger zitterten, als er in die Dose griff. Da spürte er ein Stück Papier. Vorsichtig zog er es heraus. Das Blatt, das zum Vorschein kam, schien sehr, sehr alt zu sein und wies an den Rändern Brandspuren und Risse auf. Claus faltete das Papier vorsichtig auseinander. Darauf standen Zahlen, Buchstaben und Symbole. Ratlos sahen die drei Kinder einander an. Was sollte das alles bedeuten? Vorsichtig legten sie das Stück Papier auf die Holzkiste und begannen es genauer zu untersuchen.
„Das ist ein Schatzplan!“, rief Eva aufgeregt. „Und diese Zeichen, Striche und Zahlen sollen uns den Weg weisen.“ Eva schien Recht zu haben. Der Fund sah wirklich nach einer Schatzkarte aus. Nachdem Claus das Blatt

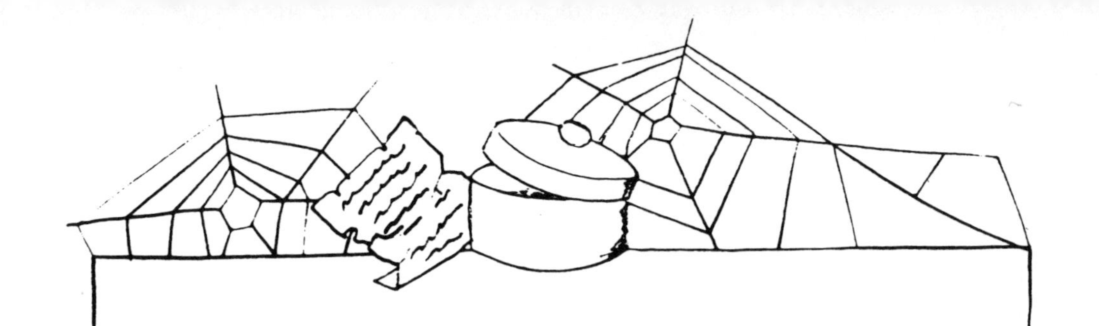

einige Male gedreht und gewendet hatte, war endlich alles klar. Der Ausgangspunkt der Skizze lag anscheinend hier auf dem Dachboden und das Ziel, das mit einem großen Kreuz gekennzeichnet war, musste sich irgendwo im Garten befinden. Aber auch einige Wörter befanden sich auf diesem geheimnisvollen Schriftstück. Sie waren fast unleserlich und den Kindern gelang es nur sehr schwer, den einen Satz

Nehmt Schaufeln mit!

zu entziffern. Dann stand noch etwas geschrieben, was man aber beim besten Willen nicht lesen konnte. Es sah so aus, als ob der Schreiber hier plötzlich nicht mehr in der Lage gewesen wäre seine Botschaft zu vollenden. Der letzte Strich verlief quer über das Blatt.

„Eine schaurige Geschichte", flüsterte Bernhard. „Hier haben sicher Räuber oder gar Raubritter ihre Hände im Spiel gehabt."

„Hör auf mit diesen wilden Gruselgeschichten", sagte Claus mit leicht zitternder Stimme. „Mir wird auch schon ganz unheimlich zumute." Er wäre am liebsten

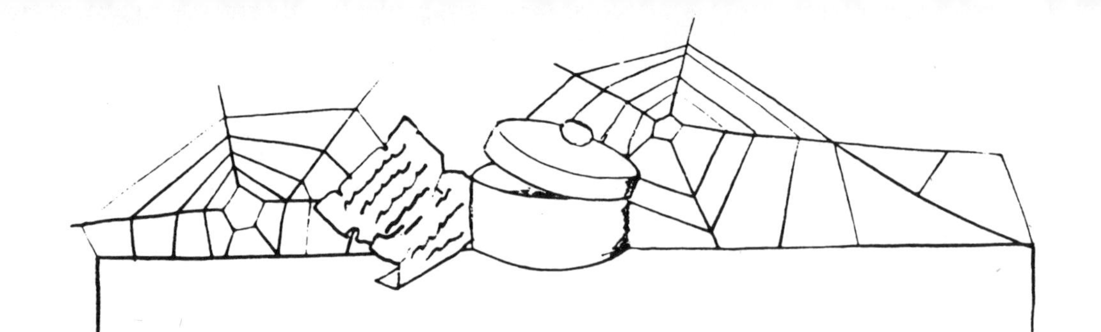

sofort vom Dachboden verschwunden, aber die Aussicht, vielleicht einen Schatz zu finden, vertrieb all seine Ängste. Besonders der Satz **Nehmt Schaufeln mit!** ließ doch auf etwas Vergrabenes hoffen.

„Ich glaube, wir sind einem tollen Schatz auf der Spur“, sagte Bernhard. „Los, fangen wir an zu suchen!“ Er nahm den Plan in die Hand, stellte sich zum Fenster und begann die Botschaft zu entschlüsseln: „Fünf Schritte nach rechts, zwölf Schritte vorwärts, dann ist am Plan eine Tür eingezeichnet.“ Eva und Claus machten die vorgeschriebene Anzahl von Schritten und wirklich: die beiden standen vor der grauen Dachbodentür.

„Nun vierzehn Stufen nach unten, dort zweimal um die Ecke, durch die braune Tür in den Keller.“

Jeder angegebene Schritt, jede vorgegebene Richtungsänderung stimmte genau. Die Spannung stieg dadurch immer mehr. Die Kinder waren jetzt im Keller angelangt. Dort nahmen sie drei Schaufeln und folgten den weiteren Anweisungen. Sie kamen an der Rutsche vorbei und umkreisten zweimal die

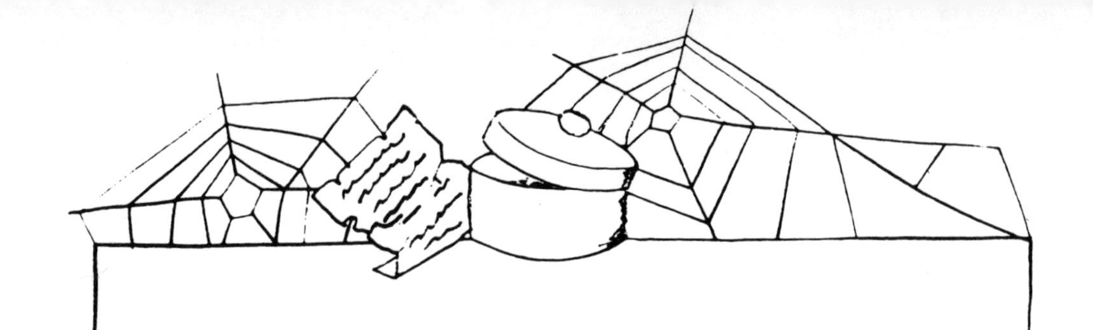

Sandkiste. Nun war es endlich so weit. Es fehlten nur noch fünfzehn Schritte bis zu der Stelle, die im Plan als Ziel angegeben war.
„Zwölf, dreizehn, vierzehn, fünfzehn! Hier muss es sein!“ Die Kinder standen mitten im Gemüsegarten.
Sie nahmen ihre Schaufeln und fingen sofort an zu graben. Schon nach wenigen Augenblicken stießen sie auf etwas Hartes. Vorsichtig schaufelten sie weiter. Es kam eine kleine, alte, morsche Holzkiste zum Vorschein. Voller Erwartung hoben die drei den Deckel ab.
In der Kiste waren drei Flaschen Coca Cola und noch ein Blatt Papier. Auf diesem stand:

Bitte weiter den
Gemüsegarten umstechen!

Vielen Dank,
eure Mami!

DER SCHWINDELFREIE KATER

„Kinder, Kinder“, rief die Katzenmutter den herumtollenden jungen Katzen zu, „am nächsten Vollmondabend könnt ihr zum Musizieren auf das Hausdach mitkommen, ihr seid nun groß genug dafür.“
Da freuten sich die Kleinen. Endlich war es so weit. Schon oft hatten sie die erwachsenen Katzen dabei beobachtet und beneidet, wenn sie ganz oben auf den Dächern standen und gemeinsam Musik machten. Wunderschöne, laute Katzenmusik.
Aber nicht nur deshalb wollten alle jungen Katzen so bald wie möglich auf das Dach. Es gab noch einen anderen Grund. War man einmal bei der Katzenmusik dabei gewesen, durfte man auch sonst abends länger ausbleiben. Noch mussten die Jungen vor Einbruch der Dunkelheit im Haus sein. Aber gerade die Zeit der ersten Dämmerung eignete sich besonders gut zum Spielen. Es gab keine bessere Zeit, um Grillen zu fangen, sich zu verstecken oder ganz einfach so in der Gegend herumzuschleichen. Aber bevor

man nicht auf dem Dach war, half kein Bitten und kein Betteln. Das war altes Katzengesetz. So warteten alle jungen Katzen sehnsüchtig auf diesen Tag. Alle? Nein, nicht alle! Das jüngste Kätzchen, ein weiß-gelb gefleckter, kleiner Kater, fürchtete diesen Tag. Er wollte nicht auf das Dach. Er blieb lieber auf dem Boden. Der kleine Kater hatte nämlich ein großes Problem: er war nicht schwindelfrei.

Aber es war ihm klar, auch er musste den Aufstieg irgendwann wagen, sonst würde er bei den anderen Katzen als Angsthase gelten. Als ob man ein Feigling ist, wenn man sich vor der Höhe fürchtet. Aber das verstanden die anderen nicht. So blieb dem Kleinen also nichts anderes übrig als heimlich das Klettern und Balancieren zu üben. Das Dach der Hundehütte schien ihm dafür bestens geeignet zu sein. Er kletterte hinauf und nach einigen anfangs unsicheren Schritten klappte es vorzüglich. Der kleine Kater balancierte ziemlich sicher auf dem Dach hin und her. Er war sehr zufrieden.

Davon war Bello, der große Bernhardiner, weniger begeistert. Das Herumlaufen auf dem

Dach störte seinen Mittagsschlaf ganz erheblich. Er regte sich fürchterlich auf und bellte drohend.
Da sprang der kleine Kater schnell von der Hundehütte und suchte auf dem untersten Ast des Apfelbaumes Schutz.
Hier war er schon oft gesessen und hatte dabei traurig seine Geschwister beobachtet, die vergnügt in den oberen Ästen umherkletterten. Aber jedes Mal, wenn er es ihnen nachzumachen versuchte, rutschte sein Herz ins Fell und er blieb lieber in Sicherheit. Kaum griff er nach dem nächsthöheren Ast, wurde dem kleinen Kater schwindlig und weg war sein Mut.
Dabei gab es angeblich ein so einfaches Mittel, um diese Angst vor der Höhe zu überwinden: beim Hinaufklettern einfach nicht nach unten schauen! Auch daran dachte er, als er hier saß und sich überlegte, ob er es vielleicht heute wagen sollte. Der Zeitpunkt schien günstig. Jetzt war niemand da, der ihn einen Feigling nennen könnte, falls ihn wieder einmal der Mut verließ. Der kleine Kater nahm seine ganze Tapferkeit zusammen und griff

mit seinen Vordertatzen nach dem Zweig über sich. Dann spannte er seine Hinterbeine wie eine Feder, drückte sie durch und mit einem Schwung war er oben.

„Nur hinaufschauen, immer nur hinaufschauen!“, sagte er sich selbst vor. Dann nahm er den nächsten und den übernächsten Zweig. Erstaunt stellte der kleine Kater fest, wie einfach das Klettern war. Anscheinend wirkte das Mittel gegen die Angst doch. So erklomm er Ast um Ast, Zweig um Zweig und je höher er kam, desto dünner wurden die Äste. Er begann hin und her zu schaukeln. Der kleine Kater erschrak. Dadurch vergaß er seinen Vorsatz und sah hinunter. Erst jetzt merkte er, wie hoch er schon geklettert war. Vor Schreck miaute er auf.

Das hörten seine Eltern und Geschwister. Voll Sorge begannen sie nach ihm zu suchen. Sie sahen unter den Büschen, hinter der Hecke, ja sogar im alten Abwasserrohr neben der Holzhütte nach.

Dass der kleine Kater aber oben auf dem Baum saß, darauf wären sie nie gekommen. Sie zu täuschen, das gefiel dem jungen Kater.

Er kletterte noch ein Stück in die Höhe. Plötzlich war seine Angst weg. Er hatte völlig darauf vergessen, dass er nicht schwindelfrei war. Vor Freude miaute er auf. Da entdeckten ihn die anderen. Sein Vater wollte sofort hinauf, um den Jungen zu retten, doch der kam von selbst herunter und stieg vor den erstaunten Augen der anderen nochmals auf den Baum.

Von diesem Tag an hatte der kleine Kater keine Höhenangst mehr. Im Gegenteil, kein Baum war ihm zu hoch und keine Leiter zu lang, er war immer ganz oben zu finden.

Jetzt freute sich auch der kleine Kater auf die nächste Vollmondnacht, und als diese gekommen war, stand er auf dem Dach, machte einen riesengroßen, runden Buckel und stimmte laut in die Katzenmusik mit ein.

Nun war auch aus ihm ein richtiger Kater geworden.

Der König und der Löwe

In einem fernen Land, weit, weit von hier, lebte König Wendelin. Wendelin war ein fleißiger und guter König. Jeden Morgen, gleich nach dem Frühstück, legte er sich den schweren Purpurmantel um, schnürte sich die goldfarbenen Schuhe, setzte seine Krone auf, nahm das Zepter und eilte in den Thronsaal. Pünktlich um acht Uhr saß Wendelin auf seinem Thron und begann zu regieren. Ein Hofmarschall und drei Berater halfen ihm bei der Arbeit.

Der König erließ Gesetze, legte Steuern fest, empfing hohe Gäste und hatte auch sonst viel zu tun.

Punkt zwölf Uhr legte er das Zepter zur Seite und schickte den Hofmarschall und seine drei Berater zum Essen.

Auch König Wendelin eilte nach Hause und aß wie jeden Tag drei Teller heiße Nudelsuppe. War er damit fertig, pflegte er „eine königliche Mahlzeit war das heute“ zu sagen und rieb sich dabei den Bauch. Anschließend spazierte er drei Runden um den Tisch und

legte sich dann auf sein bequemes, gut gepolstertes Sofa.
„Nun muss ich aber ein wenig schlafen, das viele Regieren macht mich müde."
Zwanzig Minuten später zupfte ihn Königin Wendelinie leicht am linken Ohr, das war das Zeichen zum Aufstehen.
„Ahh, das war ein königliches Schläfchen", sagte er und rieb sich zufrieden die Augen. „Nun habe ich wieder viel Kraft zum Regieren."
Er hängte sich den Purpurmantel um, zog die goldfarbenen Schuhe an, rückte vor dem Spiegel seine Krone zurecht, nahm das Zepter und eilte davon.
Pünktlich um vierzehn Uhr saß er wieder auf dem Thron und regierte, bis es dunkel wurde.
So verbrachte der König seine Tage von Montag bis Samstag.
Eine Ausnahme bildete nur der Sonntag. Da ritt Wendelin mit seinem Hofmarschall und den drei Beratern durch das Land.
„Grüß Gott, König Wendelin!", riefen ihm die Bauern, die Handwerker und die Händler zu und Wendelin antwortete freundlich: „Grüß

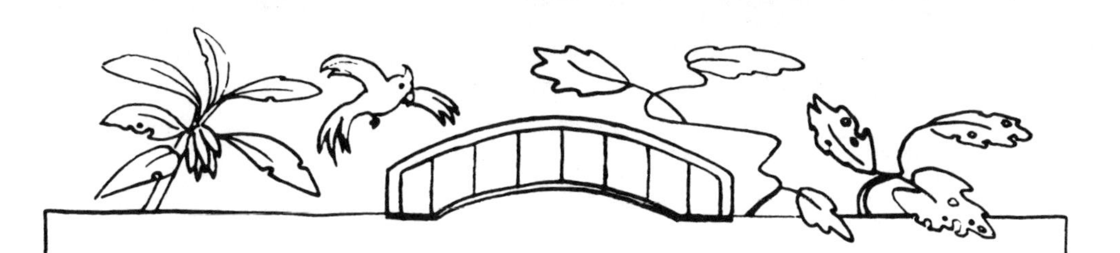

Gott, Bauer, wie steht es mit der Ernte? Ist sie schon eingebracht?
Grüß Gott, Schmied, hast du genug Glut zum Schmieden?
Grüß Gott, Krämer, wie geht dein Handel mit den Tüchern?“
Für jeden Bürger seines Reiches hatte Wendelin einen Gruß, einen Rat oder, wenn nötig, Hilfe bereit. Wendelin war ein guter und beliebter König.
In seinem Königreich gab es auch einen kleinen Urwald. Der Pfad, der hindurchführte, war so schmal, dass nur ein einzelnes Pferd Platz hatte. Man konnte daher nur hintereinander reiten. In diesem Urwald lebte der große, mächtige Löwe.
Der Hofmarschall, der immer voranritt, hatte von ihm gehört und war jedes Mal froh, wenn der Urwald hinter ihnen lag. Als die fünf Reiter zu einer kleinen Brücke kamen, hörte der Hofmarschall ein wildes Schnauben und Fauchen. Er hielt sein Pferd an und versuchte zu erkennen, woher die Geräusche kamen. Da sah er den mächtigen Löwen, der auf der anderen Seite der Brücke stand.

„Mach Platz!", knurrte der Löwe. „Ich möchte die Brücke überqueren!"
„Das wird nicht möglich sein", antwortete der Hofmarschall. „Ich bin der Führer unserer Reitergruppe und habe dafür zu sorgen, dass wir ohne Verzug weiterkommen. Unser Weg ist noch weit."
„Das interessiert mich nicht", antwortete der Löwe. „Du scheinst nicht zu wissen, wer hier vor dir steht? Ich bin Leo, der König des Urwaldes! Ihr habt zu warten!"
„Hofmarschall, warum halten wir an?"
„Ein großer Löwe versperrt uns den Weg, er will die Brücke überqueren. Er sagt, er sei der König der Tiere und habe das Recht dazu."
„Ja, das stimmt!", rief der Löwe. „Ich bin Leo, der König der Tiere und des Urwaldes. Deshalb steht es mir zu, die Brücke als Erster zu überqueren!"
„Und ich", antwortete Wendelin, „bin der König der Menschen und der Herrscher dieses Landes, daher ist es mein verbrieftes Recht, die Brücke vor jedem anderen zu betreten!"
Das überraschte den Löwen. Er dachte einige Sekunden darüber nach und sprach dann zu

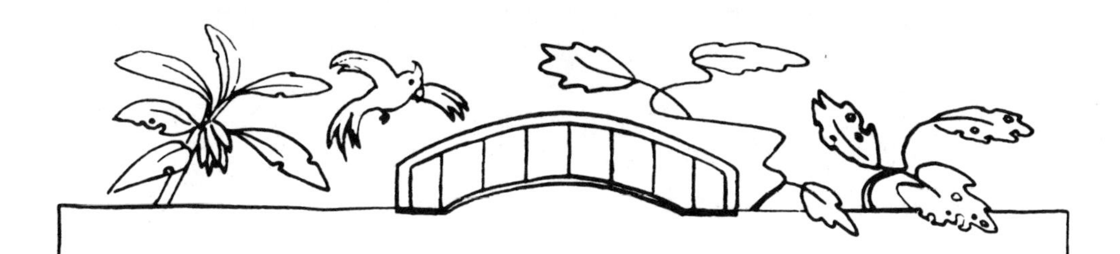

Wendelin: „Ich gebe zu, du hast den größeren Anspruch die Brücke vor mir zu überqueren, aber ich kann sie dir trotzdem nicht freigeben!"

Wendelin sah Leo verständnislos an. Leo bat den König zu sich und flüsterte: „Ich bin der König der Tiere. Alle Bewohner des Urwaldes hören auf mich. Einige von ihnen beobachten uns. Lasse ich nun euch den Vortritt, werden die anderen sofort sagen: *Habt ihr schon von Leo gehört? Er wird alt und schwach. Nicht einmal die Brücke im Urwald kann er verteidigen. Wir werden bald einen neuen, einen stärkeren, einen viel mutigeren Anführer brauchen.* Das ist der Grund, weshalb ich euch den Weg nicht freigeben kann."

„Eine verzwickte Lage", meinte König Wendelin, der nun Leos Sorge verstand. Er kratzte sich mit dem Zepter hinter dem Ohr und meinte: „Mir persönlich liegt nichts daran, vor oder nach dir die Brücke zu überqueren, aber ein Gesetz unseres Landes besagt, dass dem König auf allen Wegen, Pfaden und Brücken der Vortritt zu lassen ist. Hält sich jemand nicht daran, ist dieses Recht mit

Gewalt durchzusetzen. Ein dummes Gesetz, aber es besteht nun einmal und muss eingehalten werden!“
Nun kratzte sich der Löwe mit seiner Pfote hinter der Mähne. „Wahrlich, eine äußerst verzwickte Sache. Gibt es keine andere Lösung?“
Aber so sehr auch der Löwe, der König, der Hofmarschall und die Berater über einen Ausweg nachdachten, sie fanden keinen.
„Dann wirst du nun wohl mit Gewalt die Brücke freimachen müssen?“, fragte der Löwe.
„Ich fürchte, ja“, antwortete der König. „Obwohl ich den Befehl dazu nicht gerne erteile, denn Gewaltlösungen sind keine guten Lösungen, aber Gesetz ist Gesetz!“
Der Hofmarschall und die drei Berater begannen nun auf Geheiß des Königs den großen, mächtigen Löwen mit langen Stangen von der Brücke wegzutreiben. Leo wehrte sich anfangs tapfer, musste jedoch nach einiger Zeit der Übermacht der Menschen weichen und mit wütendem Fauchen und Gebrüll den Weg freigeben.

Der König sah dem davonhetzenden Löwen nach und sagte leise: „Schade, wären wir nicht beide Könige, hätten wir vielleicht gute Freunde werden können.“

Ob es nicht vielleicht doch eine andere Lösung gegeben hätte? Denk einmal darüber nach ...

Kuno, das müde Gespenst, und sein Wecker

Kuno, das Gespenst, war verzweifelt. In den letzten vierhundertzweiundfünfzig Jahren war er kein einziges Mal rechtzeitig zum Dienst im alten Schloss erschienen. Er verschlief immer. Er kam einfach nicht aus seinem Bett. Kuno war ein richtiger Taggeist. Je näher der Morgen kam, desto lebhafter wurde Kuno. Bei seinen Kollegen war es genau umgekehrt. Diese waren bei Einbruch der Dunkelheit munter und frisch wie Forellen im Bach und geisterten fröhlich umher. Begann es jedoch zu tagen, fingen sie an zu gähnen und zogen sich zum Schlafen in ihre Dachböden, Turmzimmer, Schlossverliese oder Burgruinen zurück. Auch Kuno tat das, aber er dachte nicht an Schlaf. Er beobachtete den Untergang des Mondes und liebte es, von den ersten Sonnenstrahlen an der Nase gekitzelt zu werden. Bis Kuno endlich zum Schlafen kam, war es meist Mittag. So war es wirklich kein Wunder, dass er in der Nacht nur sehr schwer aus seinem Bett herausfand.

Wenn die anderen Gespenster schon längst ihren Geisterumhang anhatten, stand Kuno noch immer im Nachthemd da und suchte seine Schuhe. War er endlich fix und fertig angezogen, schlug die Turmuhr meist ein Uhr. Somit war die offizielle Geisterstunde vorbei und Kuno war wieder einmal zu spät in den Dienst gekommen. Manchmal schaffte er es gerade, einige Minuten mitzugespenstern, meistens jedoch nicht.
Nach der Geisterstunde wurden die Spukgestalten für die Menschen wieder unsichtbar. Die Geister und Gespenster hatten nun frei und gingen ihren Hobbys nach. Manche spielten Fußball, andere widmeten sich ihrer Markensammlung oder huschten ein wenig in der Gegend umher. Einige besuchten auch Verwandte und Bekannte in anderen Schlössern und Burgen.
Kuno gehörte zur Gruppe der Fußballspieler. Mit seinem Verein, dem Fußballclub FC Vorwärts-Gespenst, hatte er es schon viermal geschafft, Landesmeister zu werden. Kuno war ein sehr guter Mittelstürmer. Ihm gelangen immer wieder entscheidende Tore.

Seine Vereinskollegen waren mit seiner Leistung sehr zufrieden – nicht so ganz hingegen Viktor, der Obergeist. Er war für das Dienstliche zuständig. Und deshalb hatte er Kuno heute vorgeladen.
„Kuno", sagte der Obergeist streng, „ich sehe hier in deiner Stundenabrechnung, dass du in den letzten vierhundertzweiundfünfzig Jahren nur ein einziges Mal zur rechten Zeit zum Dienst erschienen bist."
„Ich weiß", antwortete Kuno schuldbewusst, „mir tut es auch Leid, aber ich kann machen, was ich will, ich verschlafe immer."
„Das muss sich ändern. So kann es nicht weitergehen. Überall haben wir Mangel an gut ausgebildeten Gespenstern und du verschläfst täglich. Allein in meinem Bezirk sind fünf Ruinen unbesetzt!", meinte Kunos Chef.
„Was soll ich machen, Herr Obergeist? Am Morgen kann ich nicht einschlafen und in der Nacht komme ich nicht aus dem Bett. Ich werde einfach nicht rechtzeitig wach. Ich habe schon vieles probiert!"
Der Obergeist, der manchmal auch lieber um Mitternacht im Bett bleiben würde, verstand

Kuno ganz gut, aber die Dienstzeit der Gespenster und Geister ließ sich deshalb nicht verschieben.
„Ich mache dir einen Vorschlag", sagte er. „Du besorgst dir einen Wecker. Er wird dir beim Aufstehen helfen. Du stellst ihn am Abend ein und er weckt dich zur rechten Zeit. Vielleicht ist dein Problem so gelöst."
Kuno verabschiedete sich und besorgte sich im Versandhaus für Gespenster und Geister einen wunderschönen dunkelroten Wecker.
Zu Hause probierte er ihn sofort aus.

TRRRRRRRRRRRR, machte er. Zuerst erschrak Kuno, dann war er zufrieden. „Dieser Lärm wird sogar mich aus dem tiefsten Schlaf holen", dachte Kuno und legte sich zufrieden in sein Bett. Den Wecker stellte er so ein, dass er um halb zwölf läuten würde. Kuno blieb dann Zeit genug um sich anzuziehen und sein Gesicht abzustauben – bekanntlich brauchen sich Gespenster nicht zu waschen, sie müssen sich nur abstauben. Es blieb aber auch noch Zeit, um in Ruhe seine Schuhe zu suchen, in sie hineinzuschlüpfen und zu binden. Sogar ein kleines Nachtfrühstück

wäre zeitlich noch möglich, um anschließend gemütlich zum alten Schloss zu huschen.
Bevor Kuno einschlief, stellte er sich die überraschten Gesichter seiner Kollegen vor, wenn er pünktlich beim Schloss eintraf. „Sie werden ziemlich dämlich dreinschauen", dachte er, „wenn ich heute als Erster im alten Schloss bin und mit der Gespensterei beginne. Die anderen haben lange genug über mich gelacht und mich *Schlafmützengespenst* genannt. Das ist ab heute vorbei!"
Zufrieden schlief Kuno ein und wurde hellwach, als der Wecker TRRRRRRRRRRRR rasselte. Kuno wusste im ersten Moment nicht, was geschehen war. Er glaubte, seine Tante, die Hexe Wudrihusch, die seit neuestem einen mit Motor betriebenen Hexenbesen besaß, stehe vor seinem Bett. Kuno zog sich den Polster über die Ohren und rief: „Bitte, Tante Wudrihusch, stell deinen Motorbesen ab!" Doch Kunos Bitte nützte nichts, der Lärm hörte nicht auf.

TRRRRRRRRRRRRRTRRRRRRRRRRRRRTRRRRRRRRRR

Da fiel Kuno der Wecker ein. Schnell drückte

er auf den Abstellknopf und die Ruhe war wiederhergestellt. Aus alter vierhundertzweiundfünfzigjähriger Gewohnheit wollte Kuno wieder weiterschlafen, da fielen ihm Viktors Worte ein und im Gegensatz zu den vergangenen Jahren stand Kuno sofort auf.
Schnell griff er nach seinem Umhang, staubte flüchtig sein Gesicht, die Nase und die Zähne ab und zog hastig die Schuhe an. Anschließend nahm er eilig einen Schluck Kakao zu sich. Dabei beobachtete Kuno immer den Wecker. Der Zeiger stand auf acht Minuten vor zwölf. Kuno packte den Wecker in seine Sporttasche – er wollte ihn den anderen Gespenstern zeigen –, dann huschte er schnell zum alten Schloss.
„Schlafmützengespenst, Schlafmützengespenst!", riefen die anderen Kuno schon von weitem zu und kicherten in ihre durchsichtigen Gespensterumhänge.
„Nicht mit mir! Heute bin ich es nicht!", antwortete Kuno, holte den Wecker heraus und winkte damit.
„Schau doch auf die Uhr!"

Kuno sah auf seinen Wecker, er zeigte zwei Minuten vor zwölf. „Es ist knapp vor zwölf! Ätsch, heute könnt ihr mich nicht hänseln! Ich bin rechtzeitig hier!"

„Schau auf die Turmuhr!", riefen die anderen.

Kuno sah hinüber. Die alte Turmuhr zeigte zwei Minuten vor eins!

Zwei Minuten vor eins?! Aber, aber das würde bedeuten, dass die Geisterstunde fast zu Ende war. Unmöglich! Sein Wecker zeigte doch zwei Minuten vor zwölf! Irgendetwas stimmte da nicht.

„Ha, ha! Sehr witzig. Ihr glaubt wohl, ich falle auf euren dummen Scherz herein. Ihr habt die Turmuhr um eine Stunde vorgestellt!" Kuno war wieder Herr der Lage und wollte mit der Gespensterei beginnen, da sah er Viktor daherkommen. Sehr streng sah er aus und rief schon von weitem: „Kuno, Kuno, was soll ich mit dir machen? Erst gestern hast du mir versprochen, nie mehr zu verschlafen, und schon heute kommst du beinahe eine Stunde zu spät!"

Kuno war verwirrt. Was hatte das nun wieder zu bedeuten? Spielte Viktor auch bei diesem

dummen Streich mit? Er war sonst für solche Späße nicht zu haben.
„Nein, nein, Herr Obergeist, heute bin ich rechtzeitig gekommen. Hier, mein Wecker beweist es!“ Kuno hielt Viktor seinen dunkelroten Wecker unter die Nase.
Viktor sah sich den Wecker an und begann zu lachen. Nun verstand Kuno überhaupt nichts mehr.
„Warum lachen Sie?“, fragte er Viktor.
„Kuno, Kuno, du bist wirklich ein Pechgeist. Alles hast du richtig gemacht: den Wecker gestellt, bist rechtzeitig aufgestanden und sofort hierher gehuscht. Nur eines hast du nicht bedacht, dass wir seit heute die Sommerzeit haben und daher alle Uhren um eine Stunde vorgestellt werden müssen ...“

Familie Hausmaus auf Reisen

Die Familie Hausmaus lebte schon seit einigen Jahren in ihrem praktisch und gemütlich eingerichteten Mauseloch. Da sich die Wohnung in der Nähe des großen Herdes befand, mussten die Mäuse auch im Winter nie frieren.

Eines Tages war das schöne Leben aber schlagartig vorbei. Eine junge Katze kam ins Haus. Von diesem Augenblick an hatten die Mäuse keine ruhige Minute mehr. Kaum steckte einer von ihnen die Nasenspitze oder auch nur ein Stückchen Barthaar aus dem Loch, schon versuchte die Katze ihn mit ihren scharfen Krallen zu fangen. Zum Glück waren die älteren Mäuse schlau und erfahren genug um sich nicht erwischen zu lassen. Die Jüngeren hingegen lebten gefährlich. Sie hatten noch nicht so viel Übung im Wegspringen, Täuschen und Entkommen. Wie einfach war es da mit dem alten Kater gewesen, der früher hier gewohnt hatte! Vor ihm mussten sich die Mäuse nicht fürchten. Er war nur hin und wieder zum Vergnügen hinter

einer her. Wirklich gejagt hatte er die Mäuse nie.
Doch diese schöne und geruhsame Zeit schien nun zu Ende zu sein. Also beschloss die Familie in ein anderes Mauseloch zu ziehen.
Sie liefen in einige Häuser der Nachbarschaft, aber es war nichts Passendes zu finden. Entweder gab es eine jagdlustige Katze, nicht genug zu essen oder zu viele Mausefallen. Als die Mäuse schon dachten, dass sie sich an die neue Katze gewöhnen müssten, hörten sie von einer Mäusefamilie, die ihr Heim verlassen wollte. Sofort eilte Vater Hausmaus dorthin und kam gerade zurecht, als diese ihre Sachen packten.
„Gibt es nicht genug zu essen hier, ist eine wilde Katze im Haus oder werden vielleicht viele Fallen aufgestellt?", wollte Vater Hausmaus wissen.
„Im Gegenteil", antwortete eine der Mäuse. „Es gibt weder Fallen noch ist eine Katze da; und zum Fressen gibt es mehr als genug."
„Warum zieht ihr dann weg?", fragte Vater Hausmaus ungläubig.

„Weil das ein für Mäuse unwürdiges Leben ist. Wir haben oft das Gefühl gefüttert zu werden. Wir sind doch keine Tiergartenbewohner. Wir wollen selbst auf Futtersuche gehen, wieder einmal das leere Zuschnappen einer Falle hören und den Nervenkitzel einer Verfolgung durch eine Katze erleben."

Vater Hausmaus verstand die Welt nicht mehr. Hier war alles so, wie er sich ein bequemes Mäuseleben vorstellte; wie konnte man damit nicht zufrieden sein?! Aber ihm sollte es nur recht sein. So zog er mit seiner Familie in den Keller des Hauses.

Nun begann ein gemütliches Leben. Es gab reichlich zu essen und zu trinken. Von einer Katze war weit und breit nichts zu sehen und Fallen schienen hier wirklich unbekannt zu sein. Die Bewohner des Hauses kamen erst abends wieder heim und so konnten die Mäuse ungehindert umherspazieren. Nach einiger Zeit war ihnen sogar der Weg vom Keller in die Küche zu weit und deshalb verlegten sie ihre Wohnung dorthin. Hinter der alten Anrichte fanden sie eine neue Bleibe. Nur freitags, wenn die Putzfrau kam, mussten

sie ihr Schlaraffenland für einige Stunden verlassen.
Anfangs genossen die Mäuse natürlich ihre neue Wohnung. Sie fraßen, schliefen, fraßen und schliefen wieder. So ging das tagaus, tagein. Sie wurden immer fetter und fauler. Aber nicht nur fett und faul, sondern auch immer unzufriedener. Bald begannen sie wegen jeder Kleinigkeit zu streiten. Zufrieden waren die Mäuse nur mehr, wenn sie sich die Bäuche voll gestopft hatten und nicht einmal mehr „MPF" sagen konnten. Die früher so lustige und zufriedene Familie Hausmaus war eine Meute träger, unzufriedener und fauler Mäuse geworden.
Wer weiß, was noch alles geschehen wäre, hätte nicht Vater Hausmaus ein schreckliches Erlebnis gehabt.
An einem Freitag kam die Putzfrau in die Küche, um den Boden aufzuwischen. Vater Hausmaus hatte darauf vergessen und schlief gemütlich hinter der Anrichte. Als die Putzfrau diese wegschob, sah sie den schlafenden Mäuserich und wollte ihn mit dem Besen vertreiben. Vater Hausmaus versuchte sich in

das Mauseloch zu retten. Er lief quer durch die Küche und wollte hineinschlüpfen, doch mit seinem voll gefressenen Bauch blieb er in der Mitte der Öffnung stecken. Mutter Hausmaus erkannte die Gefahr und zog Vater kräftig an seinen Barthaaren. Der winselte fürchterlich. Und weil Mutters Kraft nicht ausreichte, mussten auch die Jungen mithelfen. Je mehr sie zogen, desto lauter jammerte der Vater. Endlich machte es **SCHWUPP** und er landete in der Wohnung. Gerettet!

Das war keine Sekunde zu früh, denn im nächsten Moment zischte der Besen am Mauseloch vorbei.

Vater Hausmaus brachte erst einmal seine Barthaare in Ordnung, aber eines stand fest: so konnte es nicht weitergehen!

Der Familie fielen plötzlich die Worte der anderen Mäuse wieder ein, die vor einem bequemen Leben gewarnt hatten. Nun endlich verstanden sie, was damit gemeint war. Als Erstes machte die ganze Familie eine radikale Abmagerungskur, dann ging es wieder auf Wohnungssuche. Vater Hausmaus fand nach einiger Zeit eine mäusegerechte Unterkunft.

In diesem Haus gab es eine sehr bequeme Katze und eine alte, halb verrostete, aber durchaus noch funktionstüchtige Mausefalle.
An all das gewöhnten sich die Mäuse bald und jedes Mal, wenn sie zwar zitternd, aber doch glücklich einer der Gefahren entgangen waren, saßen sie froh in ihrem sicheren Mauseloch und freuten sich, wieder richtige Hausmäuse zu sein.

Der Stadthund Max

Wie so oft in den letzten Tagen saßen die beiden Kinder Daniel und Jasmin vor dem Körbchen und beobachteten mit großer Sorge ihre Hündin Elke. Irgendetwas stimmte nicht. Elke, sonst immer unterwegs und kaum zu bändigen, wirkte verändert. Sie lief nicht mehr so wild umher, sondern lag ruhig auf ihrer Decke. Auch die Mutter beobachtete Elkes Veränderung und beschloss deshalb den Tierarzt aufzusuchen.
Sie nahm Elke an die Leine und machte sich auf den Weg. Sie kamen beim Bäcker vorbei und sahen den Postboten Briefe verteilen. Beim Fleischermeister gab es für Elke wie bei jedem Besuch ein Stückchen Wurst. Schließlich überquerten die beiden den Hauptplatz und gelangten zum Haus des Tierarztes.
Im Wartezimmer warteten schon viele kleine und größere Tierpatienten auf den Doktor. Hunde, Katzen, Wellensittiche, ein Meerschweinchen und eine verschlafene Landschildkröte mussten untersucht werden. Es dauerte einige Zeit, bis die Mutter aufgerufen

wurde. Mit Elke an der Leine trat sie in die helle Ordination des Tierarztes ein.

Der Doktor untersuchte die Hündin sehr gründlich. Die Mutter sah besorgt zu. Als der Arzt dies bemerkte, meinte er: „Sie brauchen sich keine Sorgen zu machen, Frau Steiner, Ihrem Hund fehlt nichts."

„Aber", erwiderte die Mutter, „Elke ist doch ganz anders als sonst!"

„Das glaube ich schon, Ihre Hündin bekommt Junge."

Als die Kinder von der Schule nach Hause kamen, verriet ihnen die Mutter die große Überraschung.

Daniel und Jasmin sprangen vor Freude um Elke herum. Sie hatten sich schon lange einen jungen Hund gewünscht.

Jeden Morgen schlichen sie zum Körbchen um nachzuschauen, ob das Junge schon hier war. Sie konnten das freudige Ereignis kaum erwarten.

Nach einigen Wochen war es endlich so weit. Eines Morgens lagen zwei kleine Welpen, so nennt man junge Hunde, im Körbchen. Alle freuten sich mit Elke, die sehr stolz auf ihre

Jungen war. Wie kleine Wollknäuel sahen sie aus. Am Anfang hatten sie die Augen meist geschlossen. Elke wachte ständig über ihre Kleinen. Jasmin und Daniel waren richtig verliebt in die beiden Hunde, die Max und Fax getauft wurden.
Mit zwei Hunden hatte Familie Steiner nicht gerechnet. Die Kinder wollten natürlich beide behalten, sahen aber ein, dass das Haus und auch der Garten für drei Hunde nicht groß genug war. Doch wem konnte man einen so lieben, kleinen Hund anvertrauen?
Interessenten gab es genug. Doch die Kinder hatten bei jedem etwas auszusetzen. Der eine hatte eine zu kleine Wohnung, der andere keinen Garten, der Dritte eine Katze und so weiter. Im Grunde hofften sie, dadurch vielleicht alle drei Hunde behalten zu können.
Da half ihnen der Zufall. Onkel Toni kam zu Besuch. Als er Max sah, war er von ihm begeistert. Er wollte ihn sofort mitnehmen. Auch den beiden Kindern gefiel der Vorschlag. Onkel Toni hatte nämlich am Rande der Stadt einen Bauernhof. Dort sollte es Max gut haben.

Am nächsten Mittwoch kam Onkel Toni mit seinem gelben Lieferwagen. Auf dem hinteren Sitz hatte er ein kleines Körbchen für Max hergerichtet. Behutsam legte er ihn hinein und für den Stadthund begann die Reise aufs Land.
Am Ziel angekommen nahm Onkel Toni Max aus dem Auto und setzte ihn mitten in den Hof.
„So, Max", sagte er, „schau dir deine neue Heimat einmal an."
Auf den ersten Blick sah es hier sehr gemütlich aus. Max ging gleich auf Entdeckungsreise. Er lief zur ersten Tür hinein und blieb wie angewurzelt stehen. Vor ihm standen drei riesengroße Hunde, mindestens zwanzigmal so groß wie er, mit weißem Fell und großen braunen Flecken. Am Kopf sah Max zwei komisch gebogene Hörner. Das Überraschendste für Max aber war, dass diese großen Hunde in einer für Max unverständlichen Sprache **„Muuh, muuh, muuh"** bellten.
Max sauste zur Tür hinaus. Er war froh, dass diese Riesenhunde angehängt waren. Sein

Herz klopfte ziemlich laut. Mit so einer Begrüßung hatte er nicht gerechnet.
Doch sein Forschungsdrang war noch nicht gestillt. Er lief zur nächsten Tür. Vorsichtig stieß er sie mit seiner Schnauze auf.
„Googg, googg, googg, kikerikiii, kikerikiii!“, bellten ihm diese Hunde zu. Max hetzte blindlings aus dem Stall. Hier wohnten anscheinend Urhunde. Hunde, die nur zwei Beine hatten, dafür Flügel, ein zottiges braunes Fell und auf dem Kopf einen roten Kamm.
Max hatte fürs Erste genug. Diese komischen Hunde machten ihm Angst. Was er jetzt suchte, war ein ruhiger Platz. Am anderen Ende des Hofes sah er eine offene Tür. Max lief hin und lauschte aufmerksam in den Raum hinein. Hier schien keine böse Überraschung auf ihn zu lauern. Doch es kam ganz anders. In diesem Stall standen große rosarote Hunde. So viele, dass Max sie gar nicht zählen konnte. Auch diese bellten nicht richtig, sie schienen verkühlt zu sein, denn statt eines ordentlichen **„Wau, wau“** brachten sie nur ein jämmerliches **„Grunz, grunz“**

heraus. Auch wenn sie nicht so gefährlich und fürchterlich wie die ersten Hunde aussahen, zog Max es doch vor, den Stall schnell zu verlassen.
Er lief zurück in den Hof. Sein Herz klopfte vor Aufregung und er hatte Angst und auch ein wenig Heimweh. Auf einmal hörte er ein leises **„Miau, miau“.**
Max erschrak. Anscheinend gab es hier noch weitere Untiere. Er drehte sich erst gar nicht um, sondern lief gleich weg.
„Bleib stehen! Lauf nicht weg! Wer bist du? Ich bin Nicki, das Kätzchen“, hörte er jemand rufen. Max fand, dass die Stimme nicht gefährlich klang, und deshalb drehte er sich um. Hinter ihm stand Nicki, das kleine Kätzchen. Es ging zu Max hin und beschnupperte ihn. Da fasste auch er Mut und tat das Gleiche beim Kätzchen. Und da sie einander gut riechen konnten, freundeten sie sich an.
Max erzählte Nicki von seinen Erlebnissen mit den komischen Hunden.
Das Kätzchen verstand nicht und sagte: „Du bist der einzige Hund hier am Hof.“

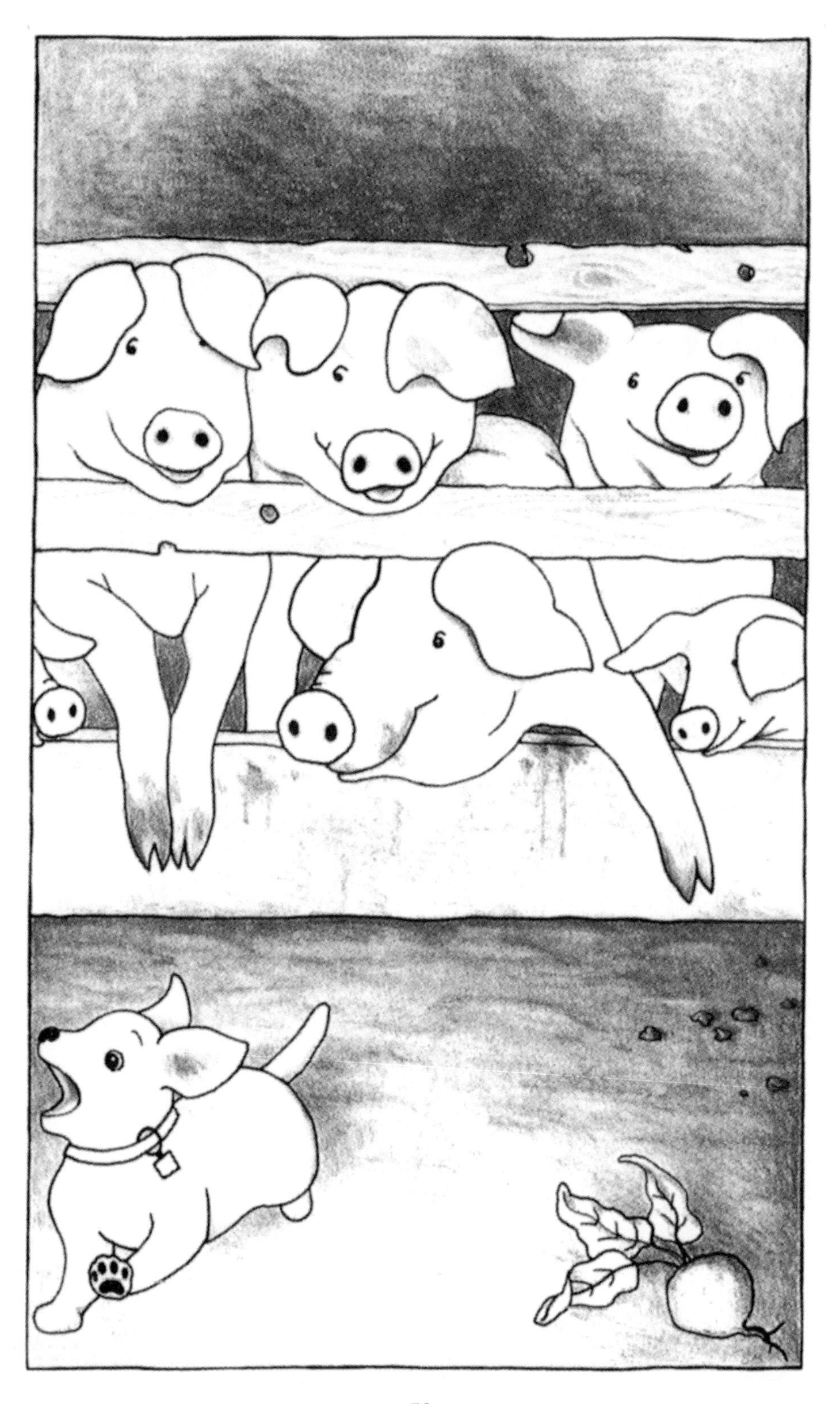

„Nein, nein“, antwortete Max. „Ich habe sie mit eigenen Augen gesehen! Dort hinter diesen Türen sind sie verborgen.“
Nun kapierte Nicki, was Max mit diesen seltsamen Hunden gemeint hatte. Sie lachte und erklärte ihm, dass diese schrecklichen Hunde in Wirklichkeit Schweine, Hühner und Kühe seien. „Komm mit, ich stelle sie dir alle vor“, sagte Nicki und lief zum Kuhstall. Mit einigem Abstand folgte ihr Max.
„Muuh, muuh, Max“, muhten die Kühe und der große Stier.
„Kikerikiii! Willkommen am Hof“, krähte der Hahn. Das große rosarote Schwein grunzte besonders freundlich: **„Grunz dich, lieber Max, grunz dich!“**
Nun war Max beruhigt. Es dauerte auch nicht lange und er war mit allen gut befreundet.
Und aus dem Stadthund Max wurde bald ein glücklicher und zufriedener Hofhund.

Der Schneemann, der unbedingt braun werden wollte

Endlich war der erste Schnee gefallen. Über Nacht hatte sich die grünbraune Wiese in eine strahlend weiß glänzende Landschaft verwandelt. Anatol und Moritz hatten schon lange darauf gewartet.

Hei, war das ein Spaß! Schneebälle flogen durch die Luft. Das Weihnachtsgeschenk, ein schöner roter Lenkbob, konnte endlich ausprobiert werden und einige Kinder fuhren mit ihren Skiern.

„Komm, Moritz, bauen wir einen Schneemann!“, rief Anatol seinem Bruder zu.

„Das ist eine gute Idee! Aber heuer bekommt der Schneemann einen Besen in die Hand, nicht wieder eine Schaufel wie im Vorjahr!“, antwortete Moritz.

„Mit Besen gefallen sie mir überhaupt nicht. Ein Schneemann ist nur dann perfekt, wenn er eine Schaufel hat.“ Davon war Anatol fest überzeugt.

„Ich habe eine bessere Idee. Jeder macht einen eigenen Schneemann. Deiner bekommt

eine Schaufel und meiner einen Besen. Dann werden wir sehen, was besser passt."
Moritz und Anatol begannen zu bauen. Zuerst formte jeder von ihnen einen Schneeball. Den rollten sie so lange über die Wiese, bis er größer und schwerer wurde. Zuletzt ließ er sich mit zwei Händen nicht mehr umgreifen.
Auf dieselbe Weise wurden der Oberkörper und der Kopf geformt. Schließlich standen die beiden Schneemänner da: groß, gewichtig, rund und strahlend weiß.
„Ich hole schnell Kohlenstücke für die Augen und zwei Karotten für die Nasen. Besorg du inzwischen den Besen und die Schaufel", rief Anatol und lief in den Keller. Dort fand er noch einen alten Blumentopf und eine Schüssel. Sie sollten als Kopfbedeckung dienen. Moritz brachte in der Zwischenzeit die Schaufel und den Besen. Er steckte sie den Männern in die Schneehände. Anatol machte aus den Kohlenstücken und den Karotten Augen und Nasen. Nun waren die Schneemänner perfekt. Nur, welcher besser aussah, darauf konnten sich Anatol und Moritz nicht einigen. „Komm, gehen wir ins Haus, mir wird schon

kalt", sagte Anatol und steckte seinem Schneemann noch die Karottennase zurecht.
„Vorher müssen wir unseren Männern aber noch Namen geben. Was hältst du von Flick und Flack?"
Dem frierenden Anatol war jeder Name recht.
Kaum waren sie im Haus, kam Leben in die beiden Schneemänner.
„Sind die törichten Kinder endlich weg?"
„Ich glaube schon, ich kann sie jedenfalls nicht mehr sehen. Aber warum sagen Sie: törichte Kinder? Hätten sie uns nicht gebaut, lägen wir noch immer als Schneeflocken hier."
„Das mag ja stimmen", sagte Flack. „Aber ich bin den Umgang mit Kindern einfach nicht gewöhnt. Das liegt wohl daran, dass ich im vorigen Winter in einem sehr noblen Wintersportort im Einsatz war. Dort hatte ich es fast nur mit Erwachsenen zu tun."
Flick, den das nicht besonders interessierte, antwortete nicht und machte sich für die Nacht zurecht.
„Wenn ich mich wenigstens irgendwo betrachten könnte. Gibt es in diesem dämlichen Garten nicht einmal einen Spiegel

oder eine Fensterscheibe um sich darin zu betrachten?" Flacks Stimme klang ärgerlich.
„Das würde Ihnen im Moment auch nicht viel nützen. Es ist schon dunkel."
„Ja, leider, aber vielleicht können Sie mir helfen. Wie sehe ich aus?"
„Sie sind ein Schneemann wie jeder andere auch. Vielleicht etwas größer und runder", sagte Flick. „Aber nun möchte ich meine Ruhe haben. Ich bin es nicht gewohnt, so lange wach zu sein."
Doch Flack gab nicht auf. „Habe ich vielleicht auch so eine hässliche Karottennase wie Sie?"
„Richtig! Ihre ist genauso hässlich wie die meine", sagte Flick ärgerlich, der Karottennasen schön fand. „Außerdem haben Sie Kohlenaugen und auf dem Kopf einen alten Kochtopf. In der Hand halten Sie einen Besen."
Flack war entsetzt: „Um Himmels willen! In meiner Hand ein Besen, das ist der Gipfel der Geschmacklosigkeit. Ich fürchte, ich falle in Ohnmacht." Flack tat, als ob es auf der Welt nichts Schlimmeres geben könnte.

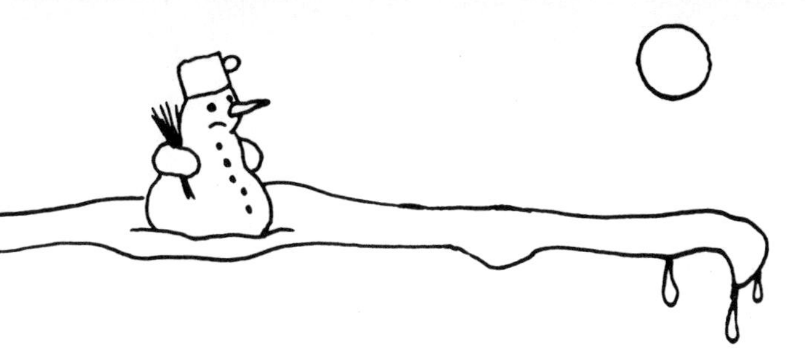

„Nun regen Sie sich nicht so auf“, versuchte Flick seinen Kollegen zu beruhigen. „Die Dinge stehen Ihnen ganz gut.“

„Das sagen Sie. Ich jedenfalls bin Besseres gewohnt. Bei meinem letzten Einsatz hatte ich richtige Skier und Stöcke in der Hand; nicht so einen lächerlichen Besen!“

Flick sah ein, dass jede Diskussion sinnlos war, und drehte sich ein wenig zur Seite.

„Pardon“, sagte Flack versöhnend zu Flick. „Ich wollte Sie nicht beleidigen. Ich dachte, es interessiert Sie, wie die neue Mode für Schneemänner aussieht.“

„Ist schon in Ordnung“, erwiderte Flick, dem an einem Streit mit seinem Nachbarn nichts lag. „Morgen können Sie mir alles erzählen. Ich wünsche Ihnen eine ruhige Nacht.“

„Das wünsche ich Ihnen auch. Aber könnten Sie mir noch eine letzte Frage beantworten?“

„Meinetwegen, dann ist aber Schluss!“ Flick war schon sehr müde.

„Herr Kollege, welche Farbe habe ich?“ Flick war über diese Frage sehr verwundert. Er drehte sich zu Flack hin und sagte: „Sie sind weiß. Ein strahlend weißer und sehr schöner

Schneemann! So stehen Sie hier im Garten neben mir!“

„Schön, sagen Sie?! Weiß soll schön sein? Weiß ist grässlich!“

„Aber alle Schneemänner, die ich kenne, sind weiß!“

„Das ist mir egal, ich kann diese Farbe nicht ausstehen. Und ich werde auch nicht so bleiben!“

Nun wurde Flick neugierig. Ein Schneemann, der eine andere Farbe als weiß hatte, war ihm noch nie begegnet. Deshalb fragte er: „Sind die Schneemänner in den Wintersportorten nicht weiß?“

„Die schon, nicht aber die Menschen!“

„Was haben die Menschen damit zu tun?“, fragte Flick verwundert.

„Viel! Sie haben zu Beginn ihres Urlaubes eine sehr helle, fast weiße Gesichtsfarbe. Dann fahren sie Ski oder setzen sich auf eine Terrasse um sich zu sonnen. Nach einiger Zeit werden sie zuerst ein wenig rot, dann braun, wunderschön hellbraun. Genauso will ich auch werden. Ein hellbrauner Schneemann!“

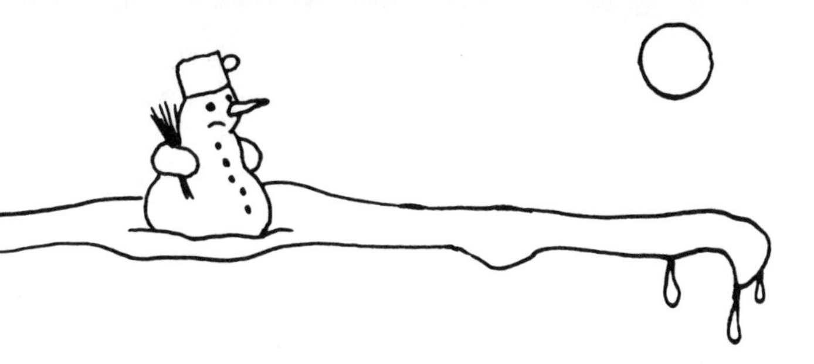

„Ich verstehe ja, dass Sie von dieser Zeit träumen und so aussehen wollen, aber ist Ihr Traum nicht ein wenig zu gewagt? Die Sonne ist doch der größte Feind des Schneemannes. Das kann nicht gut gehen“, antwortete Flick.
„Ich weiß, was Sie meinen, aber ich halte nicht viel von diesen Schneemärchen. Wie wäre es sonst möglich gewesen, dass ich vorigen Winter bis Mitte April im Einsatz war? Also kann die Sonne doch nicht so schlimm sein.“
„Das mag schon stimmen. Nur vergessen Sie, dass in diesen Orten eine viel tiefere Temperatur herrscht und die Sonne daher nicht so viel Kraft hat.“
„Sie wissen immer alles besser!“, erwiderte Flack. „Ich werde es Ihnen schon noch beweisen.“
Am nächsten Morgen war herrlicher Sonnenschein und Flack setzte seinen Plan in die Tat um. Langsam schritt er nach vor, um aus dem Schatten des Hauses zu kommen.
Flick konnte nicht länger zusehen. „Herr Flack!“, rief er besorgt. „Machen Sie nicht alle Schritte auf einmal! Sie wissen doch, jeder

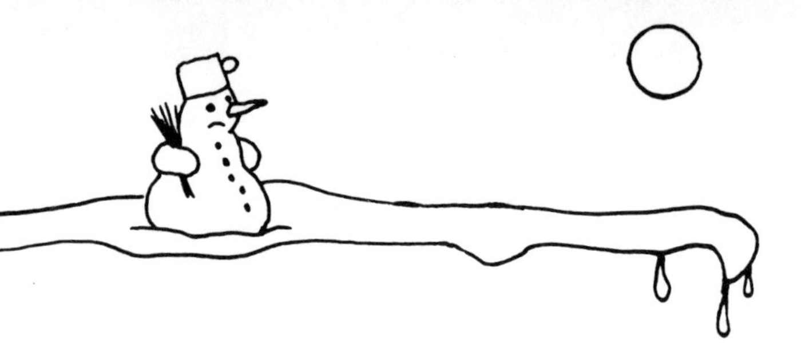

Schneemann hat nur 14 Schritte zur Verfügung. Sparen Sie einige auf. Vielleicht brauchen Sie diese, um in den rettenden Schatten zurückzukommen, falls Ihr Vorhaben nicht gelingen sollte!“
Doch Flack war nicht zu überzeugen, im Gegenteil. Keck rief er: „Jammern Sie nicht herum, Sie Schwarzseher! Kommen Sie lieber mit. Ein wenig Farbe würde Ihnen auch nicht schaden. Sie sehen heute sehr blass aus!“
Flick blieb dort, wo er war, und sah besorgt zu, wie Flack seine 14 Schritte machte. Nun stand er triumphierend in der prallen Sonne. Eine Zeit lang geschah nichts und Flick begann zu zweifeln. Sollte Flack vielleicht doch Recht gehabt haben? Nach einigen Tagen aber erwärmte sich die Luft etwas und Flack begann zu schmelzen. Zuerst war es nicht arg, doch nach zwei Wochen war von dem einstmals so stolzen weißen Schneemann nur mehr ein kleines Häufchen Schnee übrig.
Flick hingegen setzte seine 14 Schritte mit Bedacht, um der Sonne zu entgehen. Doch je näher das Frühjahr kam, desto stärker wurde

die Sonne. Nun half auch der Schatten des Hauses nichts mehr. Flick begann selbst zu schmelzen. Er war sogar froh darüber, denn die Wärme war für einen Schneemann unerträglich. Bevor er jedoch ganz zu Wasser wurde, sah er sich noch einmal im Garten um und hoffte, im nächsten Winter wieder irgendwo als weißer Schneemann zu stehen.

Die alten Holzskier

Wie lange die alten Holzskier schon auf dem Dachboden standen, wusste keiner mehr genau, es waren aber sicher schon mehr als 20 Jahre. Herr Haider wollte sie schon einige Male zum Sperrmüll geben, konnte sich jedoch nie dazu entschließen. Zu viele Erinnerungen verbanden ihn mit den „alten Bretteln", wie er sie nannte.
Die Holzskier lagerten aber nicht als einzige Wintersportgeräte auf dem Dachboden. Neben alten Skistöcken, einer Holzrodel sowie nicht mehr verwendbaren Skischuhen standen dort weitere Skier. Die roten aus Metall, vor einigen Jahren noch „in", standen genauso unbeachtet in einer Ecke wie die ersten Skier aus Kunststoff. Auf diese war Herr Haider einst besonders stolz gewesen. Aber nun mussten auch sie einem noch moderneren und leichteren Modell Platz machen. Wenn diese im Frühjahr zu den alten Sportgeräten zurückgestellt wurden, erzählten sie von den Pisten, den schnellen Abfahrten und dem herrlichen weißen Pulverschnee.

Die ausgedienten Geräte konnten nicht genug davon hören. Und im Stillen wünschten sie sich, auch noch einmal auf den Pisten große Schwünge zu ziehen oder ein paar kleine Stemmbogen zu fahren. Aber sie wussten, dass das ein Wunschtraum bleiben würde.
Umso größer war die Überraschung, als eines schönen Wintertages Herr Haider mit seinem Sohn auf den Dachboden kam um sich die alten Sachen anzusehen. Er griff zu den Holzskiern, nahm ein paar alte Stöcke und stellte alles auf die Seite.
„Mit diesen Bretteln habe ich Skilaufen gelernt“, sagte er zu seinem Sohn.
„Die sehen aber komisch aus. Wo ist denn da die Sicherheitsbindung? Und die Skistopper fehlen auch!“
„Das hat es damals noch nicht gegeben. Wir waren nicht so gut ausgerüstet“, antwortete der Vater und setzte seine Suche fort. „Nun fehlen mir nur noch alte Skischuhe, wenn möglich, welche ohne Schnallen.“
Herr Haider fand schließlich etwas Passendes. Allerdings sahen die Skischuhe anders aus als die heutigen. Sie waren aus

Leder und nur halb so hoch. Gelb-schwarze Bänder und Lederriemen, die quer über den Schuhen angebracht waren, ersetzten die modernen Schnallen.
„Jetzt habe ich alles. Mit dieser Ausrüstung kann beim morgigen Rennen nichts schief gehen“, sagte Herr Haider und verließ den Dachboden.
Die übrigen Sportgeräte sahen einander verwundert an. Hatten sie richtig gehört? *Beim morgigen Rennen!* Was sollte das bedeuten?
Die Erklärung war einfach. Der örtliche Skiklub veranstaltete anlässlich seines 70-jährigen Bestehens ein Skirennen. Die Teilnehmer sollten dabei mit alten Sportgeräten an den Start gehen.
Am nächsten Tag waren alle mit viel Freude und Einsatz dabei. Auch für die alten Skier und Rodeln bedeutete es einen riesigen Spaß.
Noch einmal zischten sie, soweit es ihr Alter zuließ, über die weiße Piste. Die alten Holzskier von Herrn Haider freuten sich mächtig. Im Rennen selbst hatten sie allerdings wenig

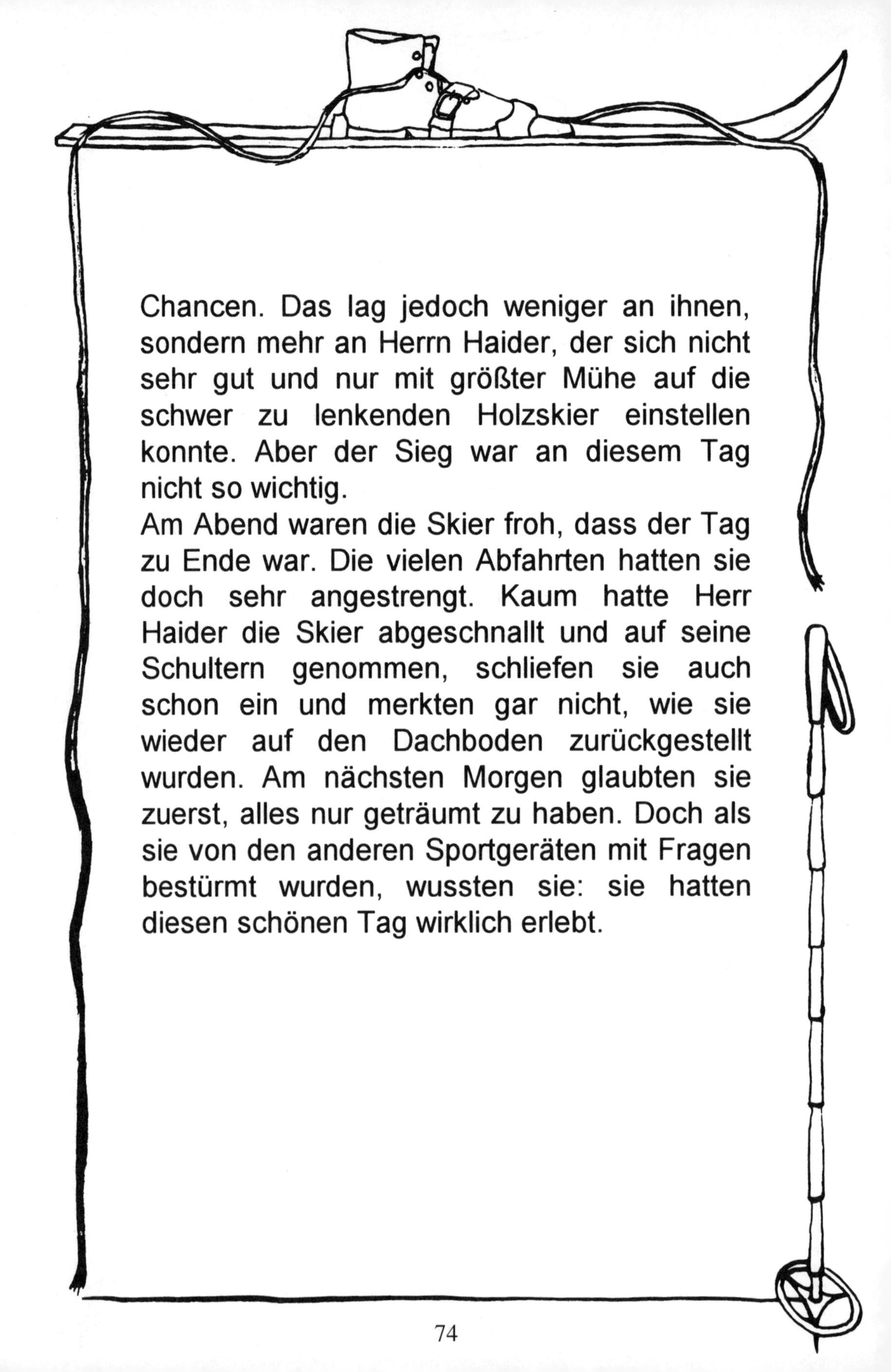

Chancen. Das lag jedoch weniger an ihnen, sondern mehr an Herrn Haider, der sich nicht sehr gut und nur mit größter Mühe auf die schwer zu lenkenden Holzskier einstellen konnte. Aber der Sieg war an diesem Tag nicht so wichtig.

Am Abend waren die Skier froh, dass der Tag zu Ende war. Die vielen Abfahrten hatten sie doch sehr angestrengt. Kaum hatte Herr Haider die Skier abgeschnallt und auf seine Schultern genommen, schliefen sie auch schon ein und merkten gar nicht, wie sie wieder auf den Dachboden zurückgestellt wurden. Am nächsten Morgen glaubten sie zuerst, alles nur geträumt zu haben. Doch als sie von den anderen Sportgeräten mit Fragen bestürmt wurden, wussten sie: sie hatten diesen schönen Tag wirklich erlebt.

Uli und die lilafarbene Kuh

Uli, der Stier, stand wie jeden Tag auf der Weide und war mit seinem Leben sehr unzufrieden. Es geschah einfach nichts. Jeden Tag derselbe Trott.
„Lass dir Zeit. Du bist so jung, du wirst noch viel erleben", antwortete Ferdinand, der alte Stier, immer, wenn Uli ihm sein Leid klagte.
Aber Uli wollte sich nicht Zeit lassen, er wollte jetzt gleich etwas erleben, nicht erst später, aber das verstand Ferdinand nicht.
Uli fühlte sich oft als Außenseiter. Alle waren mit ihrem Dasein zufrieden, nur er nicht. Das Einzige, was ihm Freude machte, war seine Freundin Gerti, ein Kalb. Immer lustig und zu Streichen aufgelegt. An manchen Tagen konnte Uli aber auch sie nicht ausstehen.
Heute war wieder so ein Tag, aber Gerti scherte sich wenig darum.
„Schau nicht so finster", rief sie Uli zu, „sonst wird deine Milch sauer!"
Uli verdrehte seine Kulleraugen. „Wann wirst du dir endlich merken, dass ich ein Stier bin!"
Aber Gerti dachte nicht daran. Fröhlich sprang

sie um Uli herum und sang dabei das Lied, das Uli nicht mochte:

„Lustig ist so ein Stierleben,
va-ri-a,
braucht dem Bauern keine Milch zu geben,
va-ri-a.
Lustig ist's auf der grünen Weid,
wenn das Stierlein Uli schreit:
fa-di-a, fa-di-a, fa-di-a, fa-di-a,
mir ist fad!"

Heute konnte Uli Gertis gute Laune überhaupt nicht vertragen und so zog er sich auf seinen Lieblingsplatz zurück. Hier war er allein und konnte in Ruhe von der großen Welt träumen. Als Uli zu seinem Stammplatz kam, bemerkte er eine Veränderung. Dort, wo man zwischen den Bäumen auf die Landstraße sehen konnte, stand etwas, was er bis jetzt nie gesehen hatte. Aus der großen Entfernung konnte er es nicht genau erkennen. Schnell lief er hin. Dort wurden Ulis Kulleraugen noch runder und größer. Auf einer Plakatwand war eine wunderschöne Kuh abgebildet. Nicht so eine wie Gerti oder eine der anderen Kühe aus dem Stall. Nein, nein, viel, viel hübscher

und eleganter. Das Schönste an ihr aber war das Fell. Es hatte eine besondere Farbe, es war lila! So eine hübsche, lilafarbene Kuh hatte Uli noch nie gesehen. Er war hingerissen.

WER FINDET DIE LILA KUH?

stand auf dem Plakat, das einen Preis versprach.

DER FINDER GEWINNT EINE WELTREISE!

Als Uli das gelesen hatte, war ihm klar: Dieses Plakat war ein Wink des Schicksals, es würde sein Leben ändern. Er starrte die schöne lilafarbene Kuh an und begann zu träumen. Er sah sich bereits als Sieger des Preisausschreibens. In seiner Fantasie flog er mit einem Flugzeug von Land zu Land und bereiste mit dem Schiff die Weltmeere. Natürlich stiegen er und die lila Kuh nur in den besten Hotels ab. Alle Zeitungen brachten auf ihren Titelseiten Fotos der beiden und das Fernsehen berichtete täglich über sie.

Da riss eine Stimme Uli aus seinen schönsten Träumen: „Uli, Uli, wo bist du? Es ist Zeit nach Hause zu gehen!“ Es war Ferdinand, der Uli wieder in die Wirklichkeit zurückholte.

„Ja, ich komme schon“, rief Uli und lief zum Stall. Noch einmal drehte er sich um, sah zum Plakat und flüsterte: „B-b-b-bis morgen, kleine Freundin, i-i-ich werde d-d-dich finden!“
Plötzlich stockte Uli. Was war das? „Habe ich gestottert?“, dachte er. Das passierte ihm selten. Eigentlich nur, wenn er sehr verärgert oder verliebt war. Nachdenklich trottete er nach Hause.
Im Stall fand Uli lange keine Ruhe. Die Ursache war aber nicht Gerti, die ständig auf ihn einschwätzte, sondern das Plakat. Für gewöhnlich hatte er es gerne, vor dem Einschlafen noch ein wenig mit Gerti zu blödeln, aber heute war kein gewöhnlicher Tag. Das merkte sie auch und mit einem: „Alter Miesling!“, drehte sie sich zur Seite. Aber Uli hörte nichts. Ihm kam vor, als würde er auf einer Wolke schweben. Wenn er die Augen schloss, sah er die lila Kuh. Er wusste, diesmal hatte es ihn erwischt. Verknallt bis über beide Hörner. Nein, mehr sogar, er war verliebt. Bis jetzt hatte er nur manchmal ähnlich für Gerti empfunden, doch diese Gefühle waren kindisch dagegen gewesen.

Am nächsten Morgen lief Uli sofort zur lila Kuh. Er legte sich vor ihr ins Gras und erzählte von seinen Träumen, seinen Plänen und auch davon, dass ihn sein Stottern oft traurig mache. Das hatte er bis jetzt noch niemandem erzählt, und wie er ihr sagen wollte, dass er gestern auch bei ihr gestottert habe, hörte er von der Plakatwand eine Stimme.

„Geh weg, du stehst mir in der Sonne!"

Uli erschrak. Wer hatte hier gesprochen? Vielleicht gar die lila Kuh? Er sah sich um. Es war doch außer ihm niemand da.

„Warum siehst du so dämlich drein?", hörte er dieselbe Stimme wieder.

„Wie ... wie ... wie bitte?", stotterte Uli.

„Ich habe gesagt, du sollst mir aus der Sonne gehen und vor allem nicht so dämlich dreinschauen!" Besonders freundlich klang es ihm ja nicht vom Plakat entgegen. Schnell machte Uli einige Schritte zur Seite und fragte: „Passt es so?"

„Na ja, so ist es besser. Was willst du eigentlich von mir? Seit gestern stehst du da und starrst mich an!"

Uli war verwirrt und ein wenig enttäuscht. Hatte sie ihm nicht zugehört? Er hatte ihr doch alles erzählt.
„Kannst du nicht sprechen?“
„Ja, ja, ja, doch, schon, aber ich dachte ... nein, eigentlich ... ich wollte ... oder besser gesagt, ich werde ...“
„Was stammelst du daher? Du stotterst ja!“ Spöttisch klang die Stimme vom Plakat. Doch Uli war so verliebt, dass er es nicht merkte. Noch einmal erzählte er ihr von seinem Plan sie zu suchen und anschließend mit ihr auf Weltreise zu gehen. Und dass er sich schon darauf freue, mit ihr am Abend Späße treiben zu können.
„Was willst du? Mit mir auf Weltreise gehen? Dass ich nicht lache. Ein kleiner Stier, kaum aus den Windeln, will mit mir auf eine Weltreise gehen. Mit mir, der berühmten lila Kuh! Das ist der beste Witz, den ich jemals gehört habe. Und Späße treiben willst du? Mit mir kannst du über die neuesten Modefarben, über Hörnerschmuck und Fellfrisuren reden; aber davon hast du ja keine Ahnung! Und nun lass mich in Ruhe und geh gefälligst auf die

Seite. Man kann mich nicht gut sehen, das ist schlecht!“
Uli glaubte nicht richtig gehört zu haben. So also dachte sie über ihn?! Eine Welt stürzte für ihn zusammen. Seine Träume zerplatzten wie Seifenblasen.
Er lief weg. Nur jetzt niemandem begegnen. Er wollte allein sein. Allein mit seiner Enttäuschung und seiner Traurigkeit. Am liebsten hätte er geweint, aber es gelang ihm nicht. Seine Traurigkeit war nicht so groß, wie er sie im ersten Moment gefühlt hatte. Er blieb stehen und überlegte. Was war der Grund? Vielleicht das hochnäsige Geschwätz der lila Kuh?
Uli legte sich ins Gras und überdachte die letzten Minuten. Vielleicht war die große, weite Welt doch nicht so interessant, wie er sie sich vorstellte. Und er war nicht mehr so sicher, ob er sein jetziges Leben gegen Gespräche über Modefarben, Hörnerschmuck oder Fellfrisuren eintauschen wollte.
Uli sprang auf und eilte zum Plakat zurück.
„Was willst denn du schon wieder hier?“, empfing ihn die lila Kuh. Eigentlich wollte Uli

ihr sagen, dass er nicht einmal im Traum mehr daran denke, sie zu suchen; dass sie eingebildet sei, ihr lila Fell hässlich aussehe und sie dumm daherrede. Aber dann überlegte er es sich doch noch und sagte nur: „Ach, rutsch mir den Buckel runter, du eingebildete Kuh“, und lief zum Haus.
Dort stand Gerti. Freundlich blickte sie zu ihm herüber. Hübsch sah sie aus mit ihrem braunweiß gefleckten Fell. Das hatte Uli noch nie so richtig bemerkt. Er fand, dass sie es mit ihrem Aussehen leicht mit der lila Kuh aufnehmen konnte. Auch ihre Hörner waren viel schöner gebogen und ihr Kraushaar lustiger gelockt.
„W-w-wollen wir e-e-etwas spielen?“, rief er.
„Ja, gerne. He, du stotterst ja! Das ist mir noch nie aufgefallen.“
„Eigentlich mache ich es nur, wenn ich mich ärgere oder wenn ich ein w-w-we-wenig ver-ver-verliebt bin“, antwortete Uli leise. „Aber zurzeit bin ich sehr gut aufgelegt.“
„Das hast du schön gesagt“, antwortete Gerti und wurde dabei bis über beide Hörner rot.

Die Vorsicht und das Abenteuer

Zwei Wörter saßen auf einer Parkbank. „Wer bist du?", fragte das eine Wort.
„Ich bin das Abenteuer. Ich bin mutig, stark und immer zu Neuem bereit!"
„So wäre ich auch gerne", erwiderte zaghaft das andere Wort. „Ich bin genau das Gegenteil. Ich bin die Vorsicht. Ich handle stets überlegt, überdenke alles doppelt und dreifach und verhindere damit viel."
„Da bin ich aus einem anderen Holz. Ich gehe frisch ans Werk. Das Wort Gefahr kenne ich nicht. Angst ist mir fremd."
„Oft wünsche ich mir, ich könnte auch so sein", antwortete die Vorsicht.
„Warum versuchst du es nicht? Wage es!"
„Aber das geht doch nicht. Wörter können ihre Eigenschaft nicht ändern. Nein, es ist unmöglich!"
„Siehst du, schon wieder bedenkst du alles. Ich wäre da anders. Mich zu ändern, dieses Abenteuer würde mich sehr reizen!"
„Das glaube ich dir gern, aber Bestimmung ist Bestimmung."

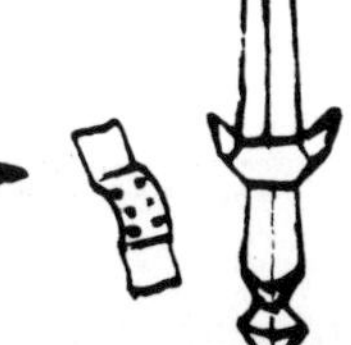

„Du, Vorsicht, ich hätte da eine famose Idee. Was hältst du davon, wenn wir unsere Aufgaben für eine Weile tauschten?“
„Wie stellst du dir das vor?“, protestierte die Angesprochene.
„Da vorne, der Junge mit dem Rad, siehst du ihn? Er braucht uns beide. Von mir bekommt er die Abenteuerlust und von dir die Vorsicht. Nun mein Plan: Du übernimmst für einige Zeit meine Aufgabe und ich deine. Ich sorge dafür, dass dem Jungen nichts passiert, und du lässt ihn etwas erleben. Gute Idee, was?“
Die Vorsicht überlegte. Einerseits war es für sie sehr verlockend, einmal etwas riskieren zu können und nicht immer nur zu überlegen. Andererseits konnte sie nur schwer über ihren Schatten springen.
„Also, wie sieht es aus, bist du einverstanden?“ Das Abenteuer war Feuer und Flamme. Die Vorsicht überlegte, schließlich siegte doch die Neugierde. Sehr zögernd sagte sie: „Gut, aber nur für eine bestimmte Zeit und auch nur dann, wenn du mir versprichst, meine Aufgaben gewissenhaft zu übernehmen.“

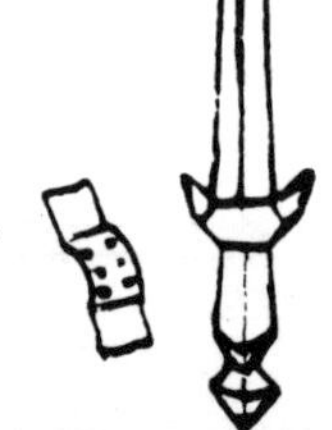

„Ich verspreche es dir. Du wirst sehen, das wird ein Riesenspaß. Komm, wir wollen gleich damit beginnen!“ Das Abenteuer war hellauf begeistert.
„Nein, lieber nicht gleich. Warten wir, bis der Junge zu Hause ist.“
Kaum war er in der Wohnung, tauschten die beiden Wörter ihre Aufgaben. Der Bub, der vom Spielen im Park sehr durstig war, lief zum Kühlschrank und holte sich eine Flasche Mineralwasser.
„Trink nicht aus der Flasche!“, rief ihm die Mutter zu. „Hol dir ein Glas!“
Der Junge ging zum Gläserschrank, nahm einen Sessel und stieg hinauf. Die Vorsicht wurde ganz unruhig und konnte kaum hinsehen, wie der Sessel nach vorne kippte, als sich der Junge nach dem Glas streckte.
„Abenteuer, unternimm doch etwas!“, rief die Vorsicht erschrocken. „Das Kind wird samt dem Sessel umfallen!“
„Sei kein Angsthase, ich bin schon auf meinem Posten.“ Inzwischen hatte der Junge das Glas genommen, es mit Mineralwasser gefüllt und ohne abzusetzen leer getrunken.

„Hast du nicht gesehen? Das Wasser war eiskalt, er wird sich verkühlen, du musst besser Acht geben!“ Das Abenteuer konnte darüber nur lächeln.
„Mama“, rief der Junge, „was könnte ich machen, mir ist so langweilig.“
„Vorsicht, nun bist du an der Reihe. Dein Schützling will etwas erleben, hast du nicht gehört, er langweilt sich.“
„Ja, mir fällt gleich etwas ein. Was glaubst du, will er vielleicht einen Turm bauen?“
„Mein lieber Freund“, sagte das Abenteuer. „Der Junge ist acht Jahre alt, der will andere Dinge tun.“
„Lego spielen? Mit der Eisenbahn fahren?“ Die Vorsicht kannte sich in solchen Dingen nicht so gut aus.
„Nein, das ist alles viel zu gefährlich. Vielleicht will er mit Puppen spielen?“, erwiderte das Abenteuer höhnisch.
„Meinst du wirklich?“
„Mein Gott, du bist schwerfällig wie ein Holzbrett! Holzbrett, das ist es! Geh mit ihm in den Keller und lass ihn ein Holzschwert schnitzen. Sag aber nicht sofort wieder, das ist

gefährlich, er könnte sich verletzen oder mit dem Schwert anderen Kindern die Augen ausstechen!"
Für die Vorsicht begannen schwere Minuten. Der Junge schnitzte sehr flink. Das Abenteuer, das nun dafür verantwortlich war, dass dem Buben nichts zustieß, hatte keine Ahnung, wie schnell mit einem scharfen Messer etwas passieren konnte. Die Späne flogen nur so umher.
„Übertreibe es nicht!", warnte die Vorsicht.
„Ach was, sieh doch, wie geschickt er ist!", antwortete das Abenteuer und sah triumphierend zur Vorsicht hin. Und schon war es geschehen.
„Auuh!", schrie der Junge auf, „ich habe mich geschnitten!" Obwohl der Schnitt nicht sehr tief war, blutete die Wunde. Der Junge lief hastig die Treppe hinauf. BUMM und schon lag er auf der Nase. Er hatte die letzte Stufe übersehen. Das Abenteuer war wieder unaufmerksam gewesen.
Endlich erreichte der Junge die Wohnung. Die Mutter besah sich die Verletzung. „Kaum der Rede wert", meinte sie. „Ich gebe dir ein

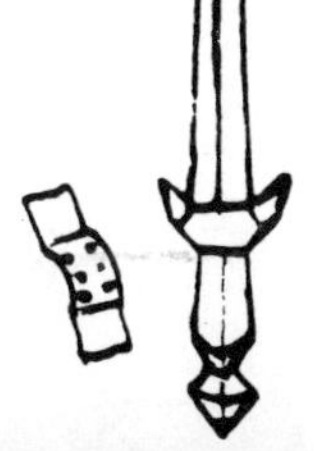

Pflaster auf die Wunde und bald ist alles wieder verheilt. Setz dich schon mal hin."
WRUMM machte es – das nächste Unheil war geschehen. Der Junge lag auf dem Boden. Mit seinen verweinten Augen hatte er den Sessel nicht richtig gesehen.
Die Unfallserie schien nicht abreißen zu wollen. Das Abenteuer begann zu schwitzen. Es wusste nicht mehr, worauf es zuerst aufpassen sollte. Die Vorsicht, die solche Situationen gewohnt und deshalb nicht so leicht aus der Ruhe zu bringen war, rief dem Abenteuer zu: „Na, mein Freund, wie gefällt dir meine Arbeit? Willst du weitermachen?"
„Danke, mir reicht´s! Bitte übernimm wieder deine Aufgabe! Hätte nicht gedacht, dass Aufpassen so anstrengend sein kann."
Schnell tauschten die beiden wieder ihre Rollen. Das geschah im richtigen Moment, denn die Mutter hatte soeben ein Pflaster auf die Wunde geklebt. Der Bub war wieder guter Dinge und wollte der Mutter zeigen, dass es ihm schon wieder gut ging. Er stieg mit geschlossenen Augen auf einen Stuhl und balancierte von dort über das Sofa. Bevor er

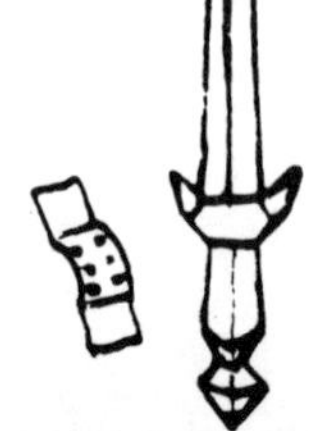

sein Kunststück auf dem Wohnzimmertisch wiederholen konnte, schritt die Vorsicht ein. Das Abenteuer wollte dagegen protestieren, doch dann erinnerte es sich an die schwierige Aufgabe der Vorsicht und zwinkerte dieser verständnisvoll zu.

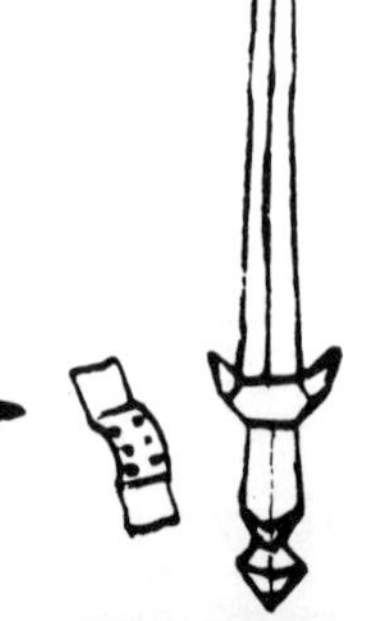

Bücher von Rudolf Gigler

Ballon, fahr mit mir davon ...

Rudolf Gigler (Text)/Frank Gugler (Ill.)

Warum ein Schaf, ein Hahn und ein Hund die ersten Ballonfahrer waren? Warum ein Ballon fährt und nicht fliegt? Wie man einen Ballon steuern kann? Warum ein Ballon „verfolgt" wird? Antwort auf diese und viele andere Fragen gibt dieses interessante und wissenswerte Buch, in dem vieles über die Ballonfahrt zu lesen ist. Ein Sachbuch für Groß und Klein.

26 Seiten, durchgehend farbig illustriert

Der Faulpelz

Rudolf Gigler (Text)/Frank Gugler (Ill.)

Eines Tages will Alfred, der kleine Faulpelz, nicht zur Schule gehen. Er möchte lieber im Bett bleiben. Da fällt ihm ein Trick ein, er stellt sich krank. Der Faulpelz, ein Buch speziell für Kinder, die beim Aufstehen ihre Probleme haben. Für Kinder ab 5 Jahren.

26 Seiten, durchgehend farbig illustriert

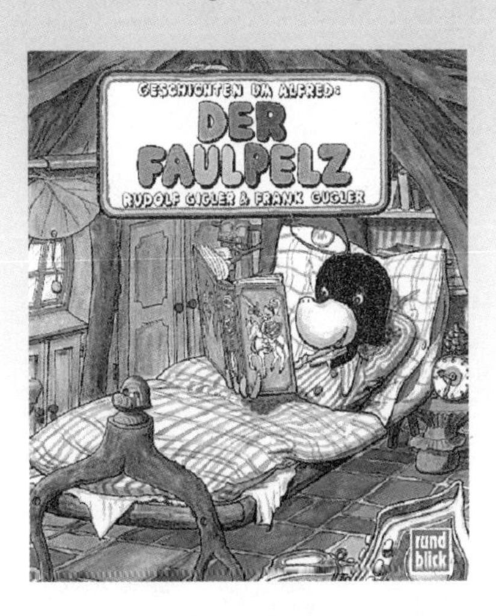

Das große Rennen

Rudolf Gigler (Text)/Frank Gugler (Ill.)

Alfred und Kurti starten mit ihrem „Opablitz" beim Tretautorennen. Werden sie den „gelben Dosenflitzer" besiegen können? Oder gewinnt der „Tannenturbozapfenrenner"? Das große Rennen, eine Geschichte, die erzählt, dass das Gewinnen nicht immer das Wichtigste ist. Für Kinder ab 5 Jahren.

26 Seiten, durchgehend farbig illustriert

Ritter Fürcht-mich-nicht und Ich-bin-stark

Rudolf Gigler(Text)/Thomas Ploner (Ill.)

Der eine Ritter ist stark, der andere schwach, der Schwache mutig, der Starke feig. Dazu ein Schlossfräulein, ein hilfsbereites Gespenst und wackere Dorfbewohner. Ihr gemeinsames Ziel: das „Schokoladeungeheuer" zu vertreiben. Doch mit Rittern, die solche „Eigenschaften" haben, wird der Plan nicht einfach auszuführen sein ...
Eine sehr amüsante und gewaltfreie Rittergeschichte für Kinder ab 8 Jahren.

Aljoscha und sein Plan, rund um die Erde zu wandern

Rudolf Gigler (Text)/Ramón Bittel (Ill.)

Aljoscha beschließt, eine Wanderung rund um die Erde zu machen. Unterwegs begegnet er Menschen und Tieren, denen er Rat, aber auch Hilfe anbietet. Einem arbeitslosen König hilft er ein Reich zum Regieren zu finden. Den Griesgram bringt er zum Schmunzeln. Einem Tausendfüßler verbindet er das kranke Bein ...
Eine reizende Erzählung, die zum Vor- oder Selberlesen bestens geeignet ist.
Für Kinder ab 5 Jahren.

96 Seiten, mit SW-Bildern

Rot ist eine schöne Farbe und andere Geschichten

Rudolf Gigler (Text)/Ramón Bittel (Ill.)

Wie ein blindes Mädchen Farben sehen kann? Warum der böse Wolf unschuldig sein könnte? Wie Herberts erster Kuss endet? Warum alles „null Problemo" ist? Was mit einem heißen Ofen gemeint ist? Warum sich ein Holzwurm königlich fühlt? Wieso ein Eisbär im Kühlschrank sein könnte? Was tun, wenn man einmal groß ist?
11 heitere Kurzgeschichten zum Vor- und Selberlesen.
Für Kinder ab 6 Jahren.

96 Seiten, mit SW-Bildern

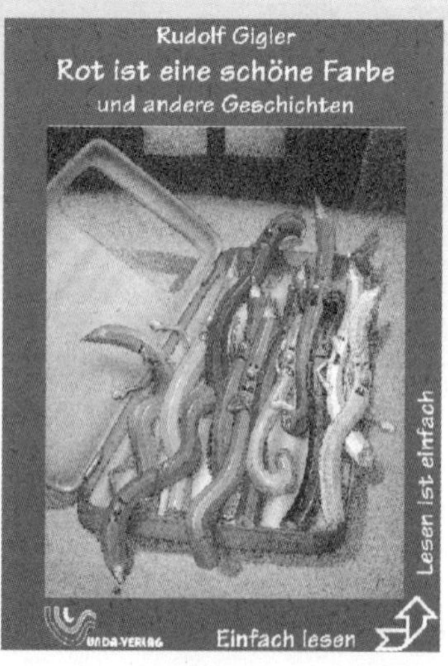

Wer rettet Huschi Wuschi?

Rudolf Gigler/Reinhard Köhldorfer (Text)
Netti Hanoncourt (Ill.)

Das Unglücks-Pechvogel-Gespenst Huschi Wuschi ist wieder einmal mit seinem Umhang hängen geblieben. Gefahr droht. Doch keine Angst, sein Freund Spuki Duki weiß einen Ausweg. Er bittet den alten Kastanienbaum um Hilfe.
Ein lustiges und nicht Angst vermittelndes Gespensterbuch für Kinder ab 6 Jahren.

26 Seiten, durchgehend farbig illustriert

Wer geistert in der Geisterbahn?

Rudolf Gigler/Reinhard Köhldorfer (Text)
Netti Hanoncourt (Ill.)

Der immer lustige Geist Spuki Duki, der tollpatschige Huschi Wuschi und ihre Freundin Spuki Wutzi beschließen, ihre Kollegen in der Geisterbahn zu besuchen. Da geschieht Spuki Duki etwas Gespenstisches ...
Ein vergnügliches und ganz und gar nicht Angst machendes Gespensterbuch für Kinder ab 6 Jahren.

26 Seiten, durchgehend farbig illustriert

Salzburger Geschichtentruhe

Rudolf Gigler (Herausgeber)

Tolerant — Hand in Hand

Rudolf Gigler (Herausgeber)